Linda Deslauriers

Die Kleiderdiät

Linda Deslauriers

Die Kleiderdiät

Nie mehr volle Schränke, Kleiderchaos
und Fehlkäufe.
Mit Stilberatung und Typbestimmung

nymphenburger

Mit einer tiefen Verneigung vor meiner Mutter,

allen Müttern, uns Frauen und der großen Mutter.

Danke für den Segen.

1. Auflage 2009
2. Auflage 2011

© 2009 nymphenburger in der
F. A. Herbig Verlagsbuchhandlung GmbH, München
Alle Rechte vorbehalten.
Umschlag und Innengestaltung: www.atelier-sanna.com, München
Bilder innen: Linda Deslauriers in Zusammenarbeit mit Aloha Dreams
(www.alohadreams.com).
Model Gitti fotografiert von Margit Netsch, Foto Zieffle, München.
Gesetzt aus 9,5/13 pt MetaPlus Normal
Druck und Binden: Polygraf Print spol. s.r.o.
Printed in the EU
ISBN 978-3-485-01190-7

www.nymphenburger-verlag.de

Inhalt

Vorwort

Hatten Sie auch schon mal Gedanken wie …

»Mein Schrank ist voll und ich habe nichts anzuziehen!«

»Ich weiß nicht, was ich anziehen soll!«

»Mit mir hat es keinen Zweck, ich bin eben kein Supermodel.«

»Kleider sind nicht so wichtig, es kommt auf das Innere an.«

»Das Outfit fühlt sich nicht optimal an, aber es geht schon.«

»Am liebsten würde ich all meine Kleider rausschmeißen und ganz neu anfangen, aber dazu habe ich weder Zeit noch Geld.«

Wie wäre es stattdessen mit …

»Ich mag meine Kleider. Sie entsprechen mir.«

»Ich fühle mich wohl in meinen Kleidern und sehe immer gut bis sehr gut darin aus.«

»Mein Kleiderschrank hängt voller Lieblingsstücke. Ich schaue gern in meine Garderobe. Ich finde mich dort in Formen, Stoffen und Farben widergespiegelt.«

»Ich habe genau die richtige Anzahl an Kleidungsstücken.«

»Ich genieße meine Wirkung.«

Haben Sie Lust auf einen Neuanfang? …

Das Wort Diät stammt vom dem griechischen »Diata« ab und bedeutet »gesunde Lebensweise«. Diät wird allgemein in zwei Zusammenhängen verwendet, im Sinne von Gewichtsreduktion und als besondere Ernährungsform.

Die Wortkreation »Kleiderdiät« beschreibt den Prozess, der das Loslassen von emotionalem Ballast zum Thema Kleidung und damit einhergehende überflüssige und unstimmige Kleider (Gewichtsreduktion) und einen bewussten und erfüllenden Umgang mit Kleidung zum Ziel hat (Lebensweise).

Die Kleiderdiät ist ein ganzheitlicher und liebevoller Prozess, der Sie mit kreativen und praktischen Anleitungen und Tipps für den Rest Ihres Lebens von chronischer Unentschlossenheit, Kleiderchaos, Fehlkäufen und mangelndem Selbstvertrauen befreit und dafür mit mehr Zeit, Platz, Geld, Energie und Ausstrahlung belohnt.

Durch die Verinnerlichung und Anwendung der Informationen in diesem Buch können Sie, egal welchen Alters und mit welcher Figur, unabhängig von finanziellen Mitteln und äußeren Umständen zur Meisterin Ihrer Garderobe werden und in Schönheit durch Ihr Leben gehen, schreiten oder tanzen!

Hier ist ein Überblick der wesentlichen Schritte:

→ Ihre persönliche Kleidergeschichte
→ Betrachtung und Bestandsaufnahme Ihrer Garderobe
→ Erstes leichtes Loslassen – ausgediente T-Shirts und dergleichen entsorgen
→ Fotografieren Sie sich in Ihrer Kleidung
→ Überblick geläufiger Imageberatungssysteme
→ Verständnis der psychologischen Beweggründe von Kleiderwahl und Kleideranhäufung
→ Zugang zu Ihren persönlichen Farben, Stoffen, Designelementen und Ihrem Ausdruck von Weiblichkeit
→ Sinnvolles Loslassen – Umgang mit Widerstand und Gefühlen – Anziehen neu lernen
→ Garderobenmanagement: Die Mathematik der Kleider
→ Umweltbewusster und magischer Garderobenaufbau

Der Prozess der Kleiderdiät erfordert Ehrlichkeit und die Entwicklung sachlicher Beobachtungsfähigkeit – sich selbst gegenüber und anderen. Deshalb bemühe ich mich auch, ganz ehrlich und sachlich zu sein, und nehme dazu ein mathematisches Prinzip, das Pareto-Prinzip, zu Hilfe.

Für alle Garderoben, in die mich meine lieben Freundinnen und Kundinnen hineinschauen ließen, und auch für meine eigene galt folgende Situation:

 Die Ausgangslage

80 % der Kleider werden nicht getragen, stimmen nicht mehr, haben nie gestimmt, entsprechen nicht dem eigenen Potenzial und müssten losgelassen werden.
20 % sind akzeptabel, kombinierbar oder sogar fantastisch.

Das trifft auf uns alle zu. Dieses sogenannte Pareto-Prinzip (80/20) veranschaulicht sehr gut, wo wir stehen und wo wir hinwollen. Wenn nicht bewusst an der Veränderung gearbeitet wird, nutzt man nur 20 % seines Kleiderpotenzials. Die Kleider, die in unseren Schränken hängen (Socken, Schuhe und Unterwäsche nicht inbegriffen), würden für die nächsten zwei Jahrzehnte ausreichen. Wir haben einfach mehr als genug.

Das sind viele Kleidungsstücke und jede einzelne Person, mich eingeschlossen, wehrt dieses erst einmal schlichtweg ab und geht in Verteidigungsposition. »Also dazu gehöre ich nicht, ich habe doch nur wenig. Ich habe doch einen guten Geschmack, ich bekomme viele Komplimente. Ich bin selbst Modeberaterin, auf mich trifft das nicht zu. Ich brauche all das.«

Es fällt den meisten leicht, fünf bis 20 % loszulassen. Und das ist ein willkommener Anfang, aber dieses Buch will Sie viel

weiter bringen: zur Umwandlung Ihrer Garderobe in 80 % Lieblingsstücke und rundum stimmige Outfits und 20 % für besondere Anlässe.

Zu diesem Prozess gehört die Bereitschaft zu lernen, sich bewusst zu machen, was einen bewogen hat, Kleidungsstücke zu erwerben, die nicht getragen werden, sich ohne Selbstvorwürfe liebevoll anzuschauen, wer man war und wer man gerade ist. Es können viele Gefühle hochkommen: Scham, Wut, Traurigkeit, Bedauern, Angst, enormer Widerstand.

Doch niemand will Ihnen etwas wegnehmen, dieser Prozess wird von Ihnen selbst initiiert und wird Ihnen letztendlich mehr von dem geben, was wir uns alle wünschen: Zeit, Geld, Energie, Platz, Selbstvertrauen, Dankbarkeit und Ausstrahlung.

Viele Frauen wehren die Idee einer Kleiderdiät mit der Begründung ab, keine Zeit und kein Geld dafür zu haben. Zeit braucht dieser Prozess am Anfang als Investition, doch vieles lässt sich während anderer Tätigkeiten im Multitasking-Verfahren erledigen. Wir studieren die Outfits anderer Menschen, wenn wir in einer Einkaufsschlange stehen, wir lernen unsere Farben in der Natur wahrzunehmen, wir probieren bestimmte Kleidungsstücke aus und reflektieren am Ende des Tages kurz, wie wir uns darin gefühlt haben. Und ich kann Ihnen garantieren, dass Sie längerfristig ganz viel Zeit sparen werden.

Mithilfe der magischen Wunschliste, die wir kreieren, werden Sie erleben, wie leicht genau die richtige Kleidung ihren Weg zu Ihnen findet. Wir brauchen nicht mehr von einem Laden zum anderen gehen, um ein Abendkleid für einen besonderen Anlass zu finden.

Der Prozess der Kleiderdiät bewirkt Beschleunigung und Effizienz. Wir haben andere Dinge zu tun, als in Geschäften herumzuirren.

Bestimmen Sie den Zeitpunkt des Beginns Ihrer Kleiderdiät selbst und Zeitziele für die einzelnen Schritte ebenfalls. Der Jahresbeginn, Jahreszeitenbeginn und Geburtstage sind besonders beliebt, um bei der zeitlichen Dokumentation Ihrer Veränderung zu helfen.

»Ich kann doch nicht 80 % meiner Kleidung aussortieren, ich habe doch gar nicht das Geld, mir eine neue Garderobe zuzulegen.« Ist diese Sorge realistisch? Bei 20 langen Hosen, bleiben dabei immerhin noch vier lange Hosen übrig.
Was das Geld betrifft, so ist es gut möglich, dass der Prozess des Loslassens eines großen Teils Ihrer Kleidung und der Aufbau und die Umwandlung Ihrer Garderobe nicht mehr kosten wird, als Sie sowieso pro Monat oder Jahr bis jetzt für Kleidung ausgegeben haben, und ab einem gewissen Zeitpunkt werden Sie noch weniger ausgeben. Dieses Buch bietet erprobte Hilfsmittel, damit es am Geld nicht scheitert, und ganz Entschlossene kann ich auch darin unterstützen, ihre gesamte Garderobe von 20/80 auf 80/20 umzuändern, ohne einen Euro auszugeben.

Der Widerstand braucht jedoch Verständnis, denn er mag mit der Angst zu tun haben, nackt, arm, schutzlos und der Würde beraubt zu sein, oder mit der Angst davor, wirklich sich selbst in aller Schönheit und Kraft auszudrücken.
Vielleicht hilft es uns, um die erstgenannte Angst zu überwinden, erst einmal so viele Kleider zu behalten, dass wir durch alle Jahreszeiten hindurch ein oder zwei Wochen ohne Waschmaschinenbetätigung gut gekleidet sein können. Wir nehmen uns die Zeit für unsere Kleiderdiät, die wir brauchen, einen Monat, ein Jahr …
Um die zweite Angst anzugehen, bedarf es Ihrer bewussten Entscheidung, Ihren Standard anzuheben, Ihr Leben zu verbessern und erleichtern zu wollen.
Ich möchte Sie von Herzen einladen, Ihre Zehen aus dem Swimmingpool zu nehmen, sich also nicht mit dem Aussortieren von drei alten ausgeleierten Unterhosen zufriedenzugeben, und sich stattdessen von einem zehn Meter hohen Wasserfall in diese neue Art der Garderobe zu stürzen. Der Sprung und der Tiefgang erfordern ungeheuren Mut. Ihr Auftauchen wird die Welt verändern. Outfit um Outfit.

Was wir für die Kleiderdiät brauchen:

Fotoapparat/digitale Kamera
Tagebuch oder Computerdatei

 Beantworten Sie diese Fragen, um herauszufinden, inwiefern die Kleiderdiät für Sie gewinnbringend sein wird.

→ Sehen Sie nicht so gut aus, wie Sie aussehen könnten?

→ Benutzen Sie nur 20 % Ihres Kleiderschrankinhaltes?

→ Fühlen Sie sich oft »underdressed«?

→ Fühlen Sie vor oder beim Anziehen Frustration oder Unsicherheit?

→ Haben Sie das Gefühl, dass Sie effektive Kleidereinkäufe machen?

→ Haben Sie noch nie getragene Sachen im Schrank?

→ Hassen Sie Kleider-Shopping?

→ Möchten Sie sich anders anziehen, wissen aber nicht, wo Sie anfangen sollen?

→ Wünschen Sie sich, dass Sie nur in den Schrank greifen müssen, sich anziehen und es stimmt immer?

Empfehlenswert, aber nicht unbedingt notwendig:
Mobiler Kleiderständer
Extra Kleiderbügel

Empfehlenswert und äußerst hilfreich:
Eine Freundin/ein Freund, die einen auf dieser Reise begleiten und unterstützen.
Oder:
Einen »Buddy«, also eine Partnerin, die gleichzeitig denselben Prozess mitmacht, sodass Sie sich beide gegenseitig unterstützen können.
Teilnahme an einer Online-Kleiderdiät-Gruppe (www.kleiderdiaet.de).

Meine Kleider und ich

Meine Kleidergeschichte

Von Geburt an werden unsere Körper in Stoffe gehüllt. Was für eine Veränderung ist der Übergang vom seidigen Fruchtwassergewand in die Welt hinaus an die Haut eines anderen Menschen und dann in die gewebten Fasern von Tieren und Pflanzen. Unsere Eltern und Verwandten kleiden uns zunächst ein. Der Zeitpunkt, an dem wir Verantwortung für unsere Bekleidung übernehmen, ist individuell, gesellschaftlich und historisch ganz unterschiedlich. Die Jahrgänge der Dreißiger-, Vierziger- und Fünfzigerjahre hatten aufgrund des Zweiten Weltkriegs und der einhergehenden wirtschaftlichen Folgen erst später in ihrer persönlichen Entwicklung die Möglichkeit, sich so zu kleiden, wie sie wollten. Sie erlebten zum Teil enorme Einschränkungen und Begrenzungen in ihrer Kindheit und Jugendzeit.

Bei den Generationen der Sechziger-, Siebziger- und Achtzigerjahre konnte der Individualisierungsprozess durch Kleidung, Rebellion und persönliche Experimente mit dem Aussehen spätestens in der Pubertät stattfinden.

Die Kinder, die in den letzten beiden Jahrzehnten geboren wurden, sind aufgrund verschiedenster gesellschaftlicher Einflüsse noch früher dabei zu bestimmen, was für Kleidung sie tragen wollen. Interaktionen zwischen Eltern und Kleinkindern hören sich jetzt so an:

»Schätzchen, möchtest du lieber einen blauen oder einen roten Pullover?«

»Engelchen, wir gehen heute zu Omas Geburtstag, da möchte ich, dass du dieses Kleid anziehst.« – »Neeeiiin, das tue ich nicht.«

»Mama, das ziehe ich nicht an, das kratzt.« Geschichtlich haben wir in den vergangenen hundert Jahren den Weg von Mangel und Entbehrung hin zu unendlicher Fülle gemacht. Um einen neuen Umgang mit Kleidern zu erlernen, ist es sinnvoll, sich noch einmal anzuschauen, wie die persönliche Kleidergeschichte geprägt wurde.

 Schreiben Sie Erinnerungen auf oder teilen Sie diese mit einer vertrauten Person. Folgende Fragen dienen der Auffrischung des Gedächtnisses:

→ Wie sah das erste Kleidungsstück aus, an das Sie sich erinnern können?
→ Wie fühlte es sich an?
→ Können Sie sich an ein Lieblingskleidungsstück Ihrer Kindheit erinnern?
→ Was haben Sie daran so geliebt?
→ Können Sie sich daran erinnern, mal etwas getragen haben zu

müssen, was für Sie ganz schwer zu tragen war?
→ Welche Farben haben Sie als Kind geliebt und bevorzugt?
→ Wurde in Ihrer Familie viel oder wenig Geld für Kleider ausgegeben?
→ Auf welche Weise wurde in Ihrer Familie Wert auf Kleidung gelegt?

Zeitreise: Kleider der Vergangenheit, Gegenwart und Zukunft

Schauen Sie sich die Kleider Ihrer Vergangenheit vor Ihrem geistigen Auge oder anhand von Fotos an. Lachen und weinen Sie ruhig, wenn manche Outfits jetzt einfach komisch, lächerlich oder bedauernswert wirken, aber schauen Sie mit dem Herzen, mit Liebe und Verständnis für persönliche Entscheidungen, soziale und kulturelle Einflüsse und Gegebenheiten.
Gibt es einen roten Faden, der sich durch das Gewebe Ihrer Gewänder zieht?
Was sagt der rote Faden über Ihre Vorlieben hinsichtlich Farbe, Stil, Kreativität und persönlichem Ausdruck aus? Was für Rhythmen erkennen Sie?
Und was hat sich verändert und will sich verändern?
Richten Sie dann Ihre Aufmerksamkeit auf das Jetzt. In was für Kleidungsstücken haben Sie sich in den letzten Wo-

chen durch Ihr Leben bewegt? Wie fühlen Sie sich momentan mit Ihren Kleidern? Schlecht, durchschnittlich, gut oder sehr gut?
Nun werfen Sie einen Blick in die imaginäre Zukunft, einfach so, ohne zu überlegen – was sehen Sie? Fassen Sie visuelle oder fühlbare Eindrücke zusammen.

Heilung von Kleiderwunden

Kleiderwunden sind emotionale Zustände der Unsicherheit, Scham, Wut, Angst, Neid, Eifersucht und Frustration, die über kürzere, längere oder sogar jahre- und lebenslange Zeiträume in Zusammenhang mit dem Erwerb, Tragen und Entsorgen unserer Kleidung erlebt wurden und von daher unseren Kleidern, der Art, wie wir mit Kleidern umgehen, und dem Thema Kleidung anhaften.

→ Was haben Sie für Verletzungen in Bezug auf Kleider erlebt?
→ Haben Sie einen wunden Punkt, wenn es um Kleidung, Attraktivität und Selbstausdruck geht?
→ Bevor Sie sich mit den folgenden Kleiderwunden beschäftigen, spüren Sie erst einmal in sich hinein, ob und was bei Ihnen zu diesem Thema nach Heilung ruft.

Hier ist eine Übersicht, wie die Kleiderwunden konkret entstehen können:

Unsicherheit ...
→ darüber, wie ich mich kleiden soll, um nicht zu sehr aufzufallen und nicht zu unscheinbar zu sein;
→ darüber, wie ich auf andere wirke;
→ darüber, wie ich zu meiner Gruppe passe, ohne mich genau wie die Mitglieder meiner Gruppe anzuziehen;
→ darüber, ob meine Kleiderwahl zu dem Anlass passt.

Scham ...
→ weil die Kleider ärmlich wirken, unmodern sind, alt und zerschlissen sind;
→ weil die Kleider auffällig, zu groß oder zu klein sind, den Körper unvorteilhaft bekleiden oder einfach nicht stimmen;
→ weil die Kleider, die man gern trägt, einem zu viel Aufmerksamkeit von anderen bringen und man sich als zu präsent, dominant oder als Sexobjekt fühlt;
→ weil man nicht weiß und versteht, wie man sich »richtig« anziehen soll.

Wut ...
→ darüber, dass man Kleider tragen muss, die man visuell oder kinästhetisch nicht leiden kann;

→ über Manipulation des sozialen Umfelds, der Werbung, der Gesellschaft.

Neid und Eifersucht ...
→ weil man geerbte, weitergereichte Kleidung tragen muss;
→ weil man etwas haben will, was jemand anderer hat;
→ weil man wie jemand anderer aussehen will.

Angst ...
→ vor Ablehnung;
→ vor dem Nichtgesehen-, Nichterwähltwerden;
→ vor dem Verspottetwerden; letztendlich vor dem Ausgeschlossensein und dem Alleinsein.

Frustration ...
→ dass man nicht das finden oder tragen kann, was man sich wünscht;
→ über die eigene Figur, die Auswahl in den Geschäften, eingeschränkte finanzielle Mittel, die persönlichen Abweichungen vom Schönheitsideal der Gesellschaft;
→ über Vernachlässigung: Keiner bringt mir bei, wie ich mich am besten anziehe.

Wählen Sie die Kleiderwunde aus, die Ihre Beziehung zum Thema Kleidung am stärksten beeinflusst. Wenden Sie sich dieser Wunde nun bewusst zu und visualisieren Sie, wie Ihre Liebe und Ihr Verständnis in diese Wunde hineinfließen und diese heilen, bis Sie die gegenteilige Emotion in sich spüren: Vertrauen, Stolz und Zufriedenheit.

Wenn auch nur ein paar Gramm an Unsicherheit, Scham, Wut, Neid und Eifersucht, Angst und Frustration mit unseren Kleidern verbunden sind, ist es kein Wunder, dass sich Kleiderschränke oft schwer anfühlen und dass das Thema so »besetzt« ist. Einige hassen »Shopping« regelrecht, andere sind »Shopaholics«. Viele haben resigniert oder geben sich chronisch mit weniger zufrieden, mit dem »geht schon«.

Die Kleiderdiät kann ihr therapeutisches Potenzial auf vielen Ebenen entfalten. Das Bewusstwerden ist der Anfang. Liebe und Verständnis sich selbst und anderen gegenüber erleichtern den Weg.

2

Mein Kleiderschrank – erstes Aussortieren

Betrachtung und Wunschvorstellung

Unser Kleiderschrank oder unsere Garderobe ist ein intimer Raum. Die Kleidungsstücke bedecken unsere nackte Haut und sind Vertraute unseres Alltags, unserer Gefühle, Ängste, Träume, Wünsche und Geheimnisse. Wen lassen wir in diesen Raum hinein?

Im Laufe unseres Lebens haben wir Einblick in einige Garderoben anderer Menschen: von Eltern, von Freundinnen, von Verwandten, Partnern und Kindern. Bei mir kamen in den letzten Jahren noch die Garderoben von meinen Kundinnen dazu.

In meinem Bekanntenkreis gibt es Frauen, die außer ihrer mit ihnen lebenden Familie niemanden in diesen Bereich einladen. Oft sind es die dort herrschende Unordnung und die Fülle, die Schuldgefühle und Verlegenheit auslösen.

Erinnern Sie sich an die Garderoben anderer Menschen in Ihrem Leben und versuchen Sie nachträglich das Gefühl zu beschreiben, das diese in Ihnen auslösten. Wie fühlten sich diese Garderoben an?

Wenn ich zurückschaue, gab es nur sehr wenige Kleiderschränke, die sich richtig gut anfühlten, von aufregend, einladend oder inspirierend ganz zu schweigen. Meistens waberte mir energetisch schwerer Dunst entgegen: eine Wolke aus Zeit und Platzmangel, Unsicherheit, Konfusion und Frustration.

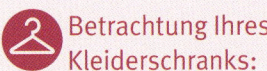
Betrachtung Ihres Kleiderschranks:

→ Wie sieht Ihr Kleiderschrank aus? Wie fühlt er sich an? Was löst er in Ihnen aus? Fotografieren Sie Ihren Kleiderschrank vor Beginn der Kleiderdiät. Schreiben Sie Ihre spontanen Gefühle und Empfindungen in Ihr Tagebuch.

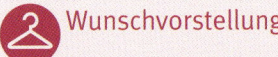
Wunschvorstellung:

→ Was für einen Kleiderschrank oder Garderobe hätten Sie gern? Lassen Sie Ihrer Fantasie freien Lauf. Wie würden Sie Ihren jetzigen Kleiderschrank gern verändern? Visualisieren Sie Ihren verbesserten Kleiderschrank und schreiben Sie auf, wie dieser sich anfühlt und was ihn charakterisiert.

Die linke Seite und der mittlere Teil sind nach Farbe sortiert, der rechte nach Kategorie. Was gefällt Ihnen besser?

20   Mein Kleiderschrank – erstes Aussortieren

Meine Kleiderschränke waren vor meiner Kleiderdiät immer zu voll, zu unstimmig und wirkten unbefriedigend. Das Aufmachen der Tür war mit einem Seufzer verbunden. Während ich dieses Buch schreibe, habe ich zum ersten Mal in meinem 43-jährigen Leben nun seit zwei Monaten einen Kleiderschrank, in den

Aussortieren ist anstrengend und macht Spaß!

ich gern hineinschaue, der mich inspiriert, begeistert und mich widerspiegelt, so wie ich mich noch nie gesehen habe, mit dessen Inhalt ich spiele, experimentiere und ins Leben losziehe und der mich mit mir selbst verbindet.

Dieser Kleiderschrank hat Luft und Raum und nichts außer Kleidern und Schuhen in sich. Ich habe der Versuchung des Stopfens widerstanden und die Angst vor Leere sowie Platzmangel durfte nicht einziehen. In diesem Kleiderschrank gibt es nichts, was ich nicht mag oder nicht anziehe. Es gibt einige Platzhalter, also Kleidungsstücke, die ich ersetzen möchte, es gibt einige Kleidungsstücke, die auf der Kippe des Verschenkens und Loslassens stehen, und es gibt noch Raum für Ergänzungen.

Wie sah mein Weg zu diesem Kleiderschrank aus? Ich habe ein Jahr (2007) lang aussortiert und nichts Neues gekauft. Zu ersetzende Unterwäsche, Socken, Schuhe waren ausgenommen, sodass meine Ausgaben unter 350 Euro lagen, wobei ein Paar Stiefel den größten Anteil mit 100 Euro hatte.

In dem Jahr habe ich 20 deutsche und amerikanische Bücher zum Thema Stil- und Farbberatung, Therapie und Kleidung gelesen und verschiedenste Beratungssysteme studiert. Kein einziges war für sich allein ausreichend oder befriedigend, wenn auch jedes einzelne geniale Konzepte vermittelte. Deshalb habe ich für die Kleiderdiät das Wissen verschiedener Ansätze zusammengetragen und durch eigene Ideen ergänzt, sodass sie als Fahrplan für eine ganz individuell abgestimmte Reise dienen kann.

Kleiderschrankbetrachtungen und Wunschvorstellungen anderer Frauen:

»Wenn ich an Garderoben meiner Freunde denke, fällt mir als Erstes der große Kleiderschrank einer Freundin ein, der mich immer fasziniert hat: ein riesiger Schrank, alles sehr ordentlich gebügelt und zusammengelegt. Das vermittelt immer ein tolles Gefühl von Platz, Ordnung, Licht und Übersicht. Ansonsten habe ich Kleiderschränke immer als etwas Nebensächliches erlebt, als ein weiteres Möbelstück in der Ecke, als unwichtig und unauffällig.« Jennifer K.

»Mein eigener Kleiderschrank ist im Moment in Ordnung für mich. Er ist gut aufgeräumt, könnte aber noch mehr Platz und Übersicht haben. Als Wunschvorstellung sehe ich einen begehbaren Kleiderschrank vor mir. Einen ganzen Raum, mit viel Licht und guter Übersicht auf alle Kleidungsstücke; ein Schuhregal, in dem alle Schuhe beim Öffnen aufgereiht sind, sodass man alles überblicken kann; und ein großer Ganzkörperspiegel.« Anna E.

»In meinem Kleiderschrank muss sich noch einiges tun. Nach Farben sortieren, entsorgen, noch einige Hänger (Anmerkung: Kleider, die zu lange hängen) loslassen. In meinem Traumkleiderschrank sind nur tolle, gut kombinierbare Sachen, in denen ich gut aussehe.«
Miriam P.

Bestandsaufnahme – Inventur

→ Was schätzen Sie, wie viele Kleidungsstücke Sie haben? Schreiben Sie die Zahl auf:_____

Das wird interessant, denn als Nächstes werden wir unseren gesamten Kleidungsbestand numerisch erfassen. Das Zählen unserer Kleidungsstücke hat fünf wünschenswerte Nebeneffekte:

1. Wir etablieren die grundlegende Organisation unserer Garderobe.
2. Das erste leichte Aussortieren findet dabei statt.
3. Der Wert unserer Kleidung steigt.
4. Wir können unsere Veränderung und unseren Erfolg messen.
5. Der Umgang mit Zahlen stimuliert unseren Sinn für Logik.

1. Wir etablieren die grundlegende Organisation unserer Garderobe

Wir beginnen damit, unsere Garderobe zu organisieren. Zuerst empfiehlt es sich, die Kleidungsstücke entsprechend den Kategorien des Kleiderinventars zu gruppieren. Später können Sie Ihre Garderobe dann in Ihrer bevorzugten Rangfolge nach Farbe, Jahreszeit/Klima, Anlass oder Kategorie gestalten.

Ein mobiler Kleiderständer kann hier zeitsparend eingesetzt werden. Wenn Ihre Blusen und Outfits eher nach Farben geordnet sind und nicht nach Kategorien, können Sie leichter zum Beispiel all Ihre Blusen aus dem Schrank nehmen und an den Kleiderständer hängen. Oft sind die Kleidungsstücke in der Garderobe verstreut und es ist einem gar nicht bewusst, dass man fünf Paar blaue Jeans hat. Wenn diese aber alle auf einem Haufen liegen oder hängen, dann fällt die Auswahl leichter.

2. Das erste leichte Aussortieren findet dabei statt

Während wir also unsere Garderobe organisieren, werden wir vermutlich schon gleich einige Kleidungsstücke aussortieren. Wir tun sie am besten in einen Behälter (Korb, Sack, Karton) oder erst mal auf den Boden. Bevor diese ausgedien-

ten Kleider allerdings zu schnell losgelassen werden, müssen wir zwei wesentliche Fragen klären. Diese zwei Fragen stellen den Schlüssel zum Erfolg der Kleiderdiät und den Unterschied zu vielen anderen Entsorgungs- und Organisationssystemen dar. Die Antwort auf diese Fragen wird durch weitere Hilfen im Buch (vor allem die 10 Kriterien der Garderobenwächterin, S. 82) erleichtert.

Von daher empfiehlt es sich, erst mal die aussortierten Kleidungsstücke zu sammeln und dann später noch einmal bewusst durchzugehen.

Bevor wir ein Kleidungsstück weitergeben, fragen wir uns:

→ Warum stimmt dieses Kleidungsstück nicht oder nicht mehr?

Wenn wir uns diese Frage nicht stellen, ist die Wahrscheinlichkeit sehr groß, dass wir wieder eine Bluse mit kurzen

Ärmeln kaufen, weil wir nicht erkannt haben, dass genau dies nicht unserem Stil entspricht, und bei der nächsten kurzärmeligen Bluse in unserer Lieblingsfarbe greifen wir zu und wundern uns, warum wir uns darin schon wieder nicht so wohl fühlen.

Die zweite Frage lautet:

→ Was ist das Schicksal dieses aussortierten Kleidungsstücks?

Schicksal ist hier bewusst als Begriff für eine übergeordnete Ordnung und Instanz gewählt, die einen weitgehenden Blick erfordert und damit die Verbindung zu unserer Intuition und dem großen Ganzen. Im Folgenden werden verschiedene Wege beschrieben, auf die wir unsere aussortierte Kleidung schicken können:

Zu viele Kleider wiegen schwer. Lieblingsstücke sind leichter.

Müll

Dorthin gehören schmutzige, kaputte, verfärbte, fadenscheinige und gänzlich ausgeleierte Kleider.

Achtung! Hier scheitern oft zu viele Kleider an einer fragwürdigen Lebensverlängerung und landen anstatt im Müll in einem privaten Altkleiderhaufen für bestimmte Gelegenheiten.

Doch stellen Sie sich einmal ganz offen folgende Frage: Wie viele Gartenarbeits- und Renovierungs-T-Shirts und Hosen zum Streichen brauche ich wirklich?

Kreative Stoff- und Materialverwertung

An dieser Stelle überprüfen wir, ob uns die Nutzung eines Teils des Kleidungsstücks (Stoff, Reißverschluss, Knöpfe) und damit dessen Auflösung mehr wert ist, als das Kleidungsstück intakt weiterzugeben. Das ist eine interessante Entscheidung, denn die erste Möglichkeit dient uns direkt, die zweite einem oder mehreren anderen Menschen. Der Prozess der Kleiderdiät ist an einen großen Kreislauf gebunden. Wenn etwas geht, wird Platz geschaffen für etwas Neues. Spüren Sie einfach hin.

Achtung! Wenn die kreative Stoffnutzung darin besteht, aus dem Stoff Putzlappen zu schneiden, müssen wir auch wieder schauen, wie viele wir davon wirklich benutzen. Tipp: Stoffe für die Kreation der Farbpalette benutzen (siehe S. 62).

Anonym verschenken (Altkleidersammlung)

Wenn wir uns in der Praxis des anonymen Weiterschenkens üben, so bringen wir uns auch in diesen Kreislauf ein, und werden überrascht sein, was im Gegenzug auf anonyme Weise in unser Leben kommt und unsere Wünsche erfüllt.

Konkret verschenken

»Ich weiß schon an wen.« »Ich weiß noch nicht an wen, aber ich warte bis es mir einfällt oder bis mir die richtige Person begegnet.« Der Eintritt in diesen Kreislauf wird uns garantieren, dass sich andere Menschen auch Gedanken machen, was uns stehen und gefallen könnte.

Aufbewahren oder Kleideraustauschparty

»Dieses ist ein besonderes Stück, das ich für meine Tochter oder zukünftige Enkelin aufheben möchte.« – »Es wird spannend sein zu schauen, wem dieses Kleidungsstück bei der nächsten Kleideraustauschparty am besten steht.«

Verkaufen

Für manche Kleidungsstücke können und möchten wir gern Geld haben. Auch dieses unterstützt den Fluss der Garderobenverbesserung.

Achtung! Manchmal kostet es mehr Zeit und Energie, etwas zu verkaufen, als es zu verschenken. Sich einen Tag auf den Flohmarkt zu stellen oder auch über das Internet Kleider zu verkaufen will gut überlegt sein, besonders, wenn man ansonsten in seiner Arbeit einen wesentlich besseren Stundenlohn erzielt. Es sei denn, man genießt die Teilnahme an Flohmärkten als Teil der eigenen Freizeitgestaltung.

3. Der Wert unserer Kleidung steigt

Welche von unseren Kleidungsstücken sind es wert, aufgeschrieben zu werden? Es ist wichtig zu wissen, was wir haben, denn sonst können wir es nicht nutzen. Wem ist es nicht schon mal passiert, dass auf einmal ein Kleidungsstück im Schrank gefunden wurde, das man ganz vergessen hatte.

Wir legen einen Ordner für unser Haus, unsere Bedienungsanleitungen und unser Auto an, alles Dinge, die uns etwas wert sind. Aber unseren Kleidern und Schmuckstücken, für die wir Hunderte, wenn nicht Tausende von Euros ausgegeben haben, wird diese Ehre nicht zuteil.

Der Akt des Aufschreibens ist ein energetischer Aufwand, der mit Wertschätzung zu tun hat. Was man schätzt und wofür man dankbar ist, gewinnt an Wert.

In meinen Kursen berichten Kleiderdiät-Teilnehmerinnen, dass man bei vorhandener Kleiderfülle leichter aussortieren und loslassen kann, wenn man zählt. Es ist einfacher fünf von 16 Blusen auszusortieren, wenn man die Zahlen direkt vor sich hat.

Das Zählen unserer Kleidungsstücke kann etwas dauern und verschiedene Gefühle auslösen. Achten Sie darauf, wie Sie sich bei dem Zählen Ihrer Kleidung fühlen. Stolz, reich, erschöpft, widerwillig, zufrieden, zu satt ...?

Für unseren Prozess ist es noch effektiver, wenn Sie die einzelnen Kleidungsstücke zusätzlich mit einem Wort, oft reicht die Farbe, beschreiben.

4. Wir können unsere Veränderung und unseren Erfolg messen

Wenn wir unser Inventar zu Beginn der Kleiderdiät aufschreiben, können wir unseren Prozess und Erfolg messen. Es wird ganz klar werden, von welchen Kleidungsstücken wir zu viel und genug haben und was wir brauchen werden.

5. Der Umgang mit Zahlen stimuliert unseren Sinn für Logik

Dies hilft uns, das Kombinationspotenzial unserer Garderobe zu erschließen.

Meine Kleiderinventur
Erstellen Sie eine eigene Inventurliste Ihrer Kleidung. Diese kann in etwa folgendermaßen aussehen:

Kleiderinventur

Oberbekleidung
BHs
Bustier
Blusen
  langärmelig
  kurzärmelig
T-Shirts
  langärmelig
  kurzärmelig
Baumwollpullis
  Sweatshirts
  Woll-/Strickpullover
  Westen
Jacken
  leicht
  warm
  Strickjacken
  Sport-/Jeansjacken
  Blazer
Mäntel
  leicht
  warm
  Regenmäntel

Unterbekleidung
Unterwäsche
Hosen
  lang
  halblang
  Shorts
  Sport
  Yoga
Röcke
  kurz
  lang

  Sommer
  Winter

Ober- und Unterbekleidung
Kleider
  kurz
  lang
  Sommer
  Winter
Kostüme
  Sommer
  Winter
Hosenanzüge
  Sommer
  Winter

Strandbekleidung
Bikini
Badeanzug
Bademantel
Tragbare Strandtücher

Nachtbekleidung
Morgenmantel
Nachthemden
Pyjamas

Schuhe
Sandalen
Halbschuhe
Stiefel
Abendschuhe (elegant)
Arbeit (Garten, Beruf)
Turnschuhe/Sneakers

Strümpfe
Strumpfhosen

Accessoires
Taschen
  Einkaufstaschen
  Handtaschen
  Körbe
  Koffer
  Rucksack
Brillen
Gürtel
Hüte/Mützen
  Sommer
  Winter
Schirme
Handschuhe
Schal/Tücher
  leicht
  warm

Schmuck
Ringe
Armbänder
Halsketten
Kettenanhänger
Broschen
Ohrringe
Uhren
Piercings
Zeh- und Fußschmuck
Haarschmuck

Der Fototest

Normalerweise schauen wir uns im Spiegel an, wenn wir uns angezogen haben oder wenn wir uns etwas Neues kaufen. Idealerweise betrachten wir uns in einem Spiegel, der uns in voller Größe und Umfang in neutralem Licht zeigt. Wir treffen dann aufgrund unserer Selbstwahrnehmung eine Entscheidung. Der Spiegel ist eine große Hilfe, um einen ersten Eindruck zu bekommen und um unser Erscheinungsbild zu überprüfen.

Wenn wir uns jedoch in unseren Outfits fotografieren, bietet uns das noch viel mehr Möglichkeiten. Denn es besteht ein großer Unterschied, sich in verschiedenen Outfits vor den Spiegel zu stellen oder diese auf zwei nebeneinanderliegenden Fotos zu betrachten und zu beurteilen.

Wenn ich mich in einem gelben Kleid vor den Spiegel stelle und es ganz schön finde und mich dann in einem grünen Kleid vor den Spiegel stelle und es auch ganz hübsch an mir finde, kann es sein, dass wirklich beide Kleider gleichwertig sind. Das können wir dann anhand der Fotos überprüfen. Häufig ist es allerdings so, dass uns ein Kleid noch besser, also attraktiver und präsenter wirken lässt.

Der andere Vorteil des Betrachtens der Fotos ist, dass wir Proportionen besser wahrnehmen und gedanklich und visuell verändern können. Wir schauen aus einer objektiven Perspektive. Ideale Rock-, Hosen- und Jackenlängen und Größen können besser erkannt werden. Unser Blick fällt auf das Ganze. Wenn wir vor dem Spiegel stehen, sind wir dichter an uns dran und können oft nicht genau sagen, was es ist, das nicht stimmt.

Wir schauen, was vorteilhafter, unvorteilhafter wirkt, achten auf die Größen, Muster, Farben, Accessoires, Akzente, Kontraste und Materialien.

Wenn man sich in seiner Kleidung fotografiert sieht und durch die ersten Reaktionen von Kritik an Körper/Gesicht/Ausdruck geht, beginnt man, sich objektiver zu sehen. Das Spannendste ist, dass manche Outfits so gut aussehen, dass man sich fragt, warum man denn die anderen überhaupt noch trägt. Und genau das ist der Zweck des Ganzen ebenso wie den Standard unserer Garderobe anzuheben. Also ist der nächste Schritt das Fotografieren:

Es dauert ungefähr zwei Stunden, sich mit einer digitalen Kamera von einer anderen Person oder selbst mithilfe eines Stativs in 60 verschiedenen Outfits zu fotografieren, wenn dieses gedanklich vorbereitet wurde und die Kleider schon zum Anziehen vorsortiert sind. Für Ihre Fotoübung brauchen Sie nicht ins Fotostudio zu gehen. Selbst gemachte Bilder reichen völlig. Es müssen keine perfekten Starfotos sein, Hintergrund möglichst neutral, Licht möglichst vorteilhaft, damit man die Farben gut erkennen kann.

 **Auswertung der Fotos:**

→ Zuerst lassen wir die Fotos auf uns wirken. In welchen Outfits sehen Sie attraktiver aus, gefallen Sie sich? Was stimmt gar nicht mehr für Sie? Was fällt Ihnen auf? Wir werden die Fotos später mithilfe der Garderobenwächterin analysieren.

Erfahrungen von Kleiderdiät-Teilnehmerinnen hinsichtlich des Fototests:

»Ich bin hellauf begeistert, da ich ja schon einiges an Farb- und Stilberatung ausprobiert habe und bis jetzt nur mit meinen Farben einigermaßen klargekommen bin. Nun bin ich dank der schrecklichen Fotos von mir und meinen Kleidern auch auf meinen Stil und meine Designelemente gestoßen. Bin total glücklich und säckeweise Kleider am Aussortieren und Verschenken!«

»Das mit den Fotos ist der absolute Knüller. Ich bin dabei, meine Fehler zu erkennen, und realisiere, was für eine andere Ausstrahlung ich bekomme, wenn ich für mich richtig angezogen bin.«
»Nach meiner ersten Fotorunde fand ich die Fotos eigentlich alle ganz gut. Doch ein paar Monate später schaute ich sie mir noch einmal an und erkannte, dass ich mich doch überwiegend unvorteilhaft gekleidet und vor allem nicht auf Proportionen geachtet habe. Mir fiel außerdem auf, dass Accessoires wirklich ein Outfit vervollkommnen können.«

»Ich fand mich immer echt gut angezogen, aber als ich die Fotos sah, war es erst mal ein Schock. Seitdem habe ich keine Streifenpullover (die machen wirklich breit) und Blümchen-T-Shirts mehr gekauft und habe mich vornehmlich auf meine klassische sportliche Linie und auf kräftigere Farben konzentriert. Ich bekomme seitdem wiederholt von meinen Mitmenschen das gleiche Kompliment: Das passt wieder alles so schön.«

Beispiele der Fotoübung von Kleiderdiät-Teilnehmerinnen:

Das Betrachten der Fotos der Modelle in diesem Buch dient der Schulung unseres Geschmacks und unserer Wahrnehmung von dem Energiespiel zwischen Kleidung und Mensch. Wir entwickeln unseren Sinn für Kleidung. Wir vergleichen, auf welchem Foto das Modell attraktiver und ansprechender wirkt, und lernen zu erkennen, warum.

1. Auf welchem Foto achtet man eher auf die Kleidung als auf das Gesicht?
2. Entspricht die Energie und Ausstrahlung des Modells der Kleidung?
3. Welcher Ausschnitt passt besser?
4. Welche Farbe gefällt uns besser? Welche Farbe steht dem Modell besser?
5. Auf welchem Foto ist das Modell präsenter und lebendiger?

Nach Beantwortung dieser Fragen können Sie die Erkenntnisse der Modelle und meine Kommentare zu den Fotos lesen. Wir haben absichtlich keine zu offensichtlich unvorteilhaften Vorher-Fotos und dann vorteilhafte Nachher-Fotos ausgewählt, sondern zeigen den aktuellen Garderobenstand von verschiedenen Frauen. Dabei haben wir auch nicht Frisur und Make-up thematisiert. Damit hoffen wir, Ihnen Ihre eigene Fotoübung zu erleichtern und Sie überhaupt dazu zu inspirieren.

Die folgende beliebte Zeitschriften- und TV-Make-over-Formel ist leicht erkenn- und nachvollziehbar. Einige Vorher-nachher-Elemente werden Sie in den Fotos von unseren Modellen finden.

vorher	nachher
altmodisch	aktuell
hausbacken	chic
zu groß, lang, kurz	dem Körper und seinen Proportionen angepasst oder eng
kein Make-up	Make-up
kein richtiger Haarschnitt	neuer Haarschnitt
unvorteilhafte Farben und Farbkombinationen, meistens zu blass	poppige Farben
wenig Accessoires	mehr und abgestimmte Accessoires

Weitere Make-over-Tendenzen sind stilbezogen:
→ von bequem, sportlich zu elegant;
→ von männlich zu weiblich;
→ von formversteckend zu formzeigend.

Diese Hose wird aussortiert, weil sie zu eng nach unten verläuft und das optisch das Körpergewicht in die Mitte zieht. Die ärmellose Bluse verstärkt dieses.

Diese Hosenform ist vorteilhafter, die hellere Farbe unter der transparenten Bluse weniger kontrastreich und damit akzeptabel.

Die Bluse und das Top sind wunderbar. Die Ärmel- und Gesamtlänge stimmt. Wir mochten es aber nicht, dass die dunkle Hose durch die Bluse hindurchschaut.

Farblich und vom Ausschnitt her eines der besten Kleider aus Jennifers Sammlung. Das Muster ist dezent, nur fanden wir das Kleid etwas lang.

Hier haben wir das Kleid kürzer gesteckt.

Hier ist das Kleid auf Jennifers optimale Länge geändert.

Das Kleid ist zu lang, das Muster überpowert Jennifer.

Das Muster ist etwas besser, aber immer noch stärker als Jennifer.

Mit dieser Strickjacke wird das Muster abgeschwächt und wir sehen, dass so Jennifers Gesicht stärker betont wird.

Dieses Kleid passt vom Ausschnitt und der Größe her. Das Muster ist interessant, ein bisschen zu groß. Jennifer wird dieses Kleid kürzen und der Ein-Jahres-Regel unterwerfen.

Dieses Kleid ist zu schwarz für den Alltag und nicht kurz und elegant genug für den Abend. Weitergegeben.

Dieses Kleid ist auch wieder zu lang und das Blumenmuster zu »hektisch«.

Das Top wirkt wie ein Block, nicht tailliert genug, und der Ausschnitt ist zu hoch für Jennifers Gesichtsform.	Dieser Ausschnitt ist vorteilhaft, das Top betont die Taille. Das Muster lenkt nicht ab, und der Kontrast kommt Jennifers Haar-Haut-Augenfarbenkontrast nahe.	Auch eine schöne Farbe für Jennifer. Der hohe T-Shirt-Ausschnitt wird durch den V-Ausschnitt der Strickjacke gestreckt und auch die Kette hilft dabei.

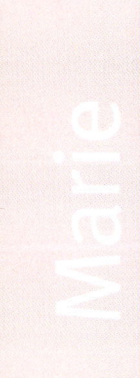

Marie

Der T-Shirt-Ausschnitt ist zu nah am Hals. Da sie schon auf fünf T-Shirts reduziert hat, behält sie dieses, bis sie ein neues lila T-Shirt mit weiterem Ausschnitt gefunden hat.	Die Jeans sitzt gut, der Schnitt ist vorteilhaft, sie muss nur etwas gekürzt werden. Die Kette sollte Marie lieber abends mit einem Kleid tragen.	Maries Lieblingsbluse, die die erste Aussortierrunde überstanden hatte. Nach dem Betrachten des Fotos, gefällt Marie das Muster nicht mehr, allerdings der Schnitt und die Farben.

Mit dieser Jacke fühlt sich Marie wohl. Sie betont eher die Figur als die Jacken in den beiden nebenstehenden Fotos.

Diese Jacke wird aussortiert. Die Farbe stimmt, aber der Ausschnitt ist zu klein und vermittelt den Eindruck eines »Ballon-Busens«.

Die Ärmel sind zu lang, die Jacke insgesamt zu kurz, das Rautenmuster bewirkt einen Schachteleffekt und streckt die Beine in die Höhe.

Marie in Schwarz mit ihrem Lieblingstuch. Was meinen Sie? Die Farben sind schön. Das Muster zu groß? Schauen Sie auf das Muster oder auf Marie?

Hier wandert unser Blick zu Marie. Das Muster unterstützt sie. Das Top mit dem Hemd darunter betont Maries Figur auf vorteilhafte Weise.

Marie in ihrem Lieblingskleid. Es passt perfekt. Schöner Schnitt. Nur hat Marie jetzt auch gesehen, dass die Blumen viel zu groß sind.

Hier passt die schwarze Kette wunderbar und Marie wirkt in Schwarz sehr viel präsenter als mit ihrem »ehemaligen« Lieblingskleid.

Schwarz macht schlank. Stimmt. Doch wenn wir das Bild mit den nebenstehenden vergleichen, müssen wir uns fragen, ob es wirklich so viel ausmacht.

Die Farbe des Tops passt wunderbar zu Maries Augen.

  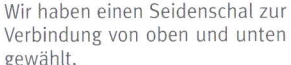

Wir haben einen Seidenschal zur Verbindung von oben und unten gewählt.

Hier dient der Seidenschal der Verlängerung des T-Shirts und betont die Taille.

Eine andere Variante, ein ganz anderer Look.

Horizontale Streifen machen breiter. Christina kann den Kontrast halten und der Streifenabstand ist in Harmonie mit ihren Gesichtsproportionen.

Christinas Jeans ist zu lang für die Sandalen. Der Ausschnitt des Tops zu weit.

Das karierte Muster ist farblich und von der Größe und den Proportionen her perfekt für Christina. Das Muster macht ihre gesamte Erscheinung interessant.

Der Schnitt des Tops passt wunderbar. Doch war sich Christina nicht sicher, ob sie das Muster mag. Durch das Foto wird ihr klar, dass sie klarere Muster wie Streifen und Karos vorzieht.

Dieses ist Christinas Lieblings-T-Shirt, allerdings passt das Zipfelige nicht zu ihren klaren Linien und geraden Haaren.

Das karierte Muster des Schals steht ihr gut, doch ist die Kombinationsmöglichkeit mit anderen Kleidungsstücken eher gering.

Diese neue Jeans ersetzt ihre hellere Jeans. Der dunkle Jeansstoff wirkt eleganter als verblichene, ausgewaschene Jeans.

Noch mal das gleiche Outfit, allerdings mit hochhackigen Schuhen. Da stimmt die Länge der Hose.

Ton in Ton. Christina trägt Schwarz gern und wirkt positiv. Der Kontrast der Kleidung zu ihrer Haut und ihren Haaren wiederholt den Kontrast ihrer Augen zum Gesicht.

Ein elegantes, perfekt sitzendes Abendkleid. Accessoires, Trägerbreite, Ausschnitt, Länge, Farbe stimmen!

Das gleiche Kleid verschwindet unter dem Blazer, eine kurze Strickjacke wäre vorteilhafter.

Dieses figurbetonte Kleid wirkt elegant.

Diese Bluse hat die erste Foto-runde nicht überlebt (Muster, Rü-schen, Schleifen, Farben machen Gitti blass).

Auch diese Bluse hat Gitti losge-lassen. Es ist nicht ihr Rotton, die ausfächernden Ärmel entspre-chen nicht ihrer klassischen Art.

Ein Top-Outfit. Gitti sieht strah-lend und elegant aus. Wenn sie dem Outfit etwas Farbe verleihen wollte, dann wäre ein Schal in einem dunklen Lila perfekt.

Im Vergleich zu Gittis anderen Outfits ist dieses insgesamt schwächer. Die Hosenlänge ver-kürzt ihre Beine. Der Ausschnitt des Twinsets ist zu eng. Die Farbe ist zu schwach.

Dieses schwarz-weiß-graue Blu-menmuster passt zu Gittis Kon-trast- und Energielevel. Ohne den schwarzen Balken, der die Taille visuell unnatürlich hoch-zieht, wäre das Top noch schöner.

Hier gefällt uns der Kontrast des Blumenmusters und der Farbe Schwarz nicht. Die Bluse ist tail-liert und braucht den Gürtel nicht unbedingt. Die Bluse wird weiter-gegeben.

Mein Kleiderschrank – erstes Aussortieren 39

Das Outfit passt wunderbar zu Gitti. Vergleichen Sie die Kleiderlänge und die Handtasche mit den anderen Bildern.

Was fällt Ihnen an diesem Outfit auf? Die Handtasche baumelt für ihre zierliche Größe ziemlich tief und zieht den Blick auf sich. Man kann sie ganz leicht kürzen.

Weiße oder schwarze Handtasche? Was passt besser? Stellen Sie sich Gitti auch vor einem andersfarbigen Hintergrund vor.

Diese Handtasche wirkt etwas groß für das Kleid.

Die Farbe dieser Handtasche entspricht überhaupt nicht Gittis Farbpalette und ist zu groß für das Kleid.

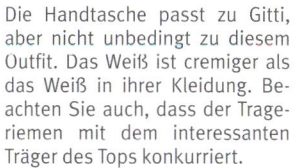

Die Handtasche passt zu Gitti, aber nicht unbedingt zu diesem Outfit. Das Weiß ist cremiger als das Weiß in ihrer Kleidung. Beachten Sie auch, dass der Trageriemen mit dem interessanten Träger des Tops konkurriert.

Diese Handtasche ergänzt Gittis Haare vorteilhaft und verstärkt den höchstmöglichen Kontrast, Schwarz-Weiß, den Gitti wunderbar tragen und halten kann.

Vier verschiedene Pullover und Jacken mit den sonst identischen Kleidern. Was fällt Ihnen auf? Was sieht vorteilhafter aus? Dieses kräftige Orange, ein Rotorange, ist auch auf Karins Farbpalette. Die Strickjacke ist mit der Hose etwas zu kurz oder sie müsste mit einer längeren Hose getragen werden. Alles sieht geschmackvoll aus, doch ist die rote Lederjacke von der Länge her am besten.

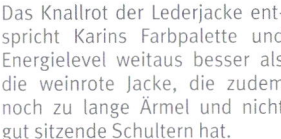

Das Knallrot der Lederjacke entspricht Karins Farbpalette und Energielevel weitaus besser als die weinrote Jacke, die zudem noch zu lange Ärmel und nicht gut sitzende Schultern hat.

Hier findet sich Karin zu brav. In der Designsprache ausgedrückt: Das Twinset bietet in sich keinen Kontrast und ist von daher schwächer als Karins natürliche Kontraste.

Hier mit dem weißen Top fühlt sich Karin gleich schicker und wohler. Der Schnitt der Strickjacke und die Länge sind optimal für Karins Figur.

Wir finden das Orange aus-
drucksstärker als das Grün der
anderen Strickjacke. Die Strickjacke könnte auch mit dem Rock
etwas länger sein.

Rocklänge, Jackenlänge und die
Schuhe ergeben ein harmoni-
sches Bild.

Die Stiefel sollte Karin nicht mit
diesem Outfit tragen. Sie verkürzen die Beine. Längere Stiefel
wären passender.

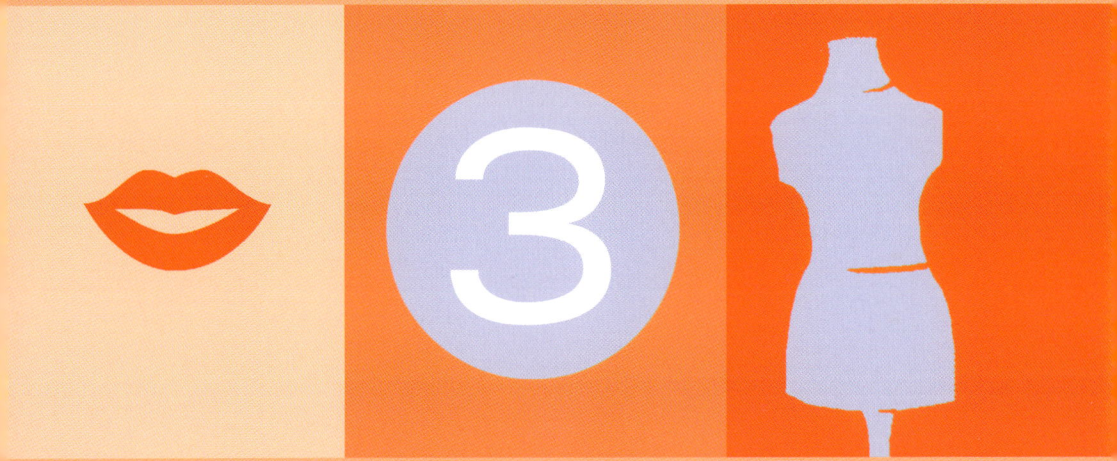
3

Überblick

geläufiger Image-beratungssysteme

Die pigmentbestimmte Farbberatung

Nachdem wir uns nun mit unserer Kleidergeschichte befasst haben, das erste Aussortieren, die Bestandsaufnahme unserer Garderobe und die erste Fotorunde vollzogen haben, machen wir uns mit den vier wichtigsten Modeberatungsansätzen vertraut. Dieses dient unserer Orientierung und Fähigkeit, die verschiedenen Schichten eines Outfits zu differenzieren. Wir können zum Beispiel unsere Fotos in jeweils einem Durchgang hinsichtlich jedes einzelnen Aspekts auswerten.

→ Welche Farben sehen richtig an mir aus?

→ Welche Farben gefallen mir an mir, weil ich sie mag oder das Gefühl habe, dass ich sie brauche?

→ Welche Kleider entsprechen meiner Persönlichkeit?

→ Welche Kleider passen optimal zu meiner Körperform?

Die pigmentbestimmte Farbberatungsschule hat ihre Ursprünge in Kalifornien, wo die Modedesignerin Suzanne Caygill (1911 bis 1994) Anfang der Vierzigerjahre, ihre Kunden ihre persönlichen Farbpaletten, basierend auf der natürlichen Pigmentierung ihrer Haut, Haare und Augen

erst malen und dann in Stoffen umsetzen ließ. Suzanne Caygill erkannte, dass die menschlichen Farbharmonien mit denen der Natur übereinstimmten, und entwickelte das Vier-Jahreszeiten-Modell mit 64 verschiedenen Persönlichkeitstypen. In den Siebzigerjahren wurde dieses Modell dann vereinfacht und Carole Jacksons Buch *Color Me Beautiful. Entdecken Sie Ihre natürliche Schönheit und Ihre Farben* löste in Amerika und auch in Deutschland den Trend der Farbberatung aus. Auch jetzt gibt es in den deutschsprachigen Ländern noch diese Farb- und Stilberatungen, die auf der Kategorisierung in Frühlings-, Sommer-, Herbst-, Winter-Typen und manchmal auch in Mischtypen der warmen Töne, also Frühling/Herbst, und der kalten Töne, also Sommer/Winter, basieren. Diese Klassifizierung ist wunderbar dazu geeignet, um das eigene Experimentieren mit Farben zu beginnen, doch muss die Farb- und Stoffauswahl sehr umfassend sein, um einen Menschen wirklich in all seinen Nuancen und Feinheiten zu erfassen.

Ich selbst war bei einer Schülerin von Suzanne Caygill, Jennifer Butler, in Los Angeles. Jennifer Butler hat über 4000 verschiedene Stoffe in ihrem Studio, sodass eine sehr individuelle Farbpalette zusammengestellt werden kann, die als Orientierungshilfe dient.

In den letzten Jahrzehnten hat sich die Auswahl an Farben erweitert und wird es weiterhin tun. Es gibt momentan 20.000

verschiedene Farbtöne, die wahrgenommen und industriell hergestellt werden können. Später in der Kleiderdiät werden wir noch lernen, unsere ganz persönlichen Farben zu bestimmen.

Die therapeutische Farbberatung

In der farbtherapeutischen Modeberatung wird geschaut und gefühlt, welche Farben uns guttun oder uns ausgleichen. Verschiedenfarbige Tücher aus Taft werden an den Körper gehalten, ohne dass man sieht, welche Farbe gewählt wurde. Mit geschlossenen Augen wird gespürt, was diese Farben energetisch in einem bewirken. Auf diesem Prozess basierend, wird dann empfohlen, die Farbe zu tragen, die für bestimmte soziale Situationen oder gewünschte emotionale Zustände günstig ist: zum Beispiel kraftvoll beim Vorstellungsgespräch, zart und offen beim ersten Rendezvous oder ruhig bei der Arbeit.

Nun kann sich eine Person ganz toll mit Orange fühlen, aber in Orange zu blass wirken. Dann wird empfohlen, die Farbe wenigstens als Unterwäsche zu tragen oder durch Nahrung, Farblampen und Brillen, Edelsteine, Natur und Kunstobjekte »aufzunehmen«.

Farben werden primär über die Augen und die Nahrung absorbiert und sekundär über die Haut und Aura.

Die farbtherapeutische Modeberatung benutzt auch die Symbolik der Farben und ihre Zuordnung zu den feinstofflichen Energiezentren, den Chakren. Beispielsweise wird Gelb mit Sonnenlicht und damit mit Leben, Fröhlichkeit, Wachstum, Wärme assoziiert und wenn ein Mensch all dieses in seinen Alltag bringen möchte, umgibt er sich mit viel Gelb. Oder wenn jemand mehr Spiritualität leben möchte, umgibt er sich visuell mit der Farbe Lila.

Zur Farbtherapie gehört auch, dass wir durch verschiedene Lebensphasen gehen und diese farblich sichtbar ausdrücken möchten.

Es ist auch manchen Menschen ein Bedürfnis, bewusst oder unbewusst die Farben ihrer Aura, ihres Energiefeldes, ihrer Seele, also die mit dem Dritten Auge sichtbaren Farben, durch die Farben der Kleidung sichtbar zu machen. Bei manchen Menschen entsprechen diese Farben einigen oder allen Farben ihrer persönlichen pigmentbasierten Farbpalette, bei anderen nicht.

Kleiderpersönlichkeit

Unseren Stil zu definieren erspart uns ebenfalls Zeit, Energie, Geld und Frustration. Wir lernen, die Läden aufzusuchen, die unseren Kleiderstil vertreten, und sind beim Entscheidungsprozess fokussierter. Geläufige Kategorisierungen sind sportlich, romantisch, klassisch, traditionell, dramatisch, künstlerisch, trendy und rebellisch, auch wenn es noch viele andere Bezeichnungen gibt (einige sind in Klammern notiert).

Die wenigsten von uns identifizieren sich mit nur einer Kategorie. Schauen Sie spontan, welche Typen Ihnen am ehesten entsprechen, und drücken Sie dieses prozentual aus.

Beispiel: Sportlich, romantisch, klassisch, künstlerisch

30 %, 30 %, 20 %, 20 %

Dieses Kleid war für den Strand und Urlaub gedacht. Gitti liebt Paisleymuster und die Farben sind auch auf ihrer Farbpalette. Nach dem Betrachten der Fotos spürte Gitti jedoch, dass ihr der Stil und Schnitt des Kleides nicht entsprechen. Zu transparent, spielerisch ... Klare Linien, figurbetonte Kleider passen besser zu ihr.

Teresa ist ein Beispiel für eine Mischung aus sportlich (Hose), romantisch-spielerisch (Rüschen) und elegant (Halskette).

Sportlicher Typ (informell/lässig):
Kleidung muss bequem sein und
Bewegungsfreiheit bieten
Romantischer Typ (verführerisch/kokett):
Verspielt, Schmuck, Akzente und
Accessoires
Klassischer Typ (chic, elegant)
Zeitlose Linien und Schnitte,
elegante Stoffe, Muster

Traditioneller Typ (konservativ):
Uniformen, Trachten, Designerloyalität
Dramatischer Typ (glamourös, sichtbare
Labels) Auffällige Muster, Farben und
Formen, Accessoires
Trendsetter-Typ (kreativ, Avantgarde)
Der Zeit und dem Umfeld voraus, Mut
zu Neuem und eigenen Erfindungen
Rebellischer Typ (Bohemien/unkonventionell) Gegensatz zu vorherrschenden
Modenormen
Künstlerischer Typ (exzentrisch)
Gekleidet wie ein Gemälde, immer
neue Bilder entstehen, poetisch, kreativ

48   Überblick geläufiger Imageberatungssysteme

Meine Kleiderpersönlichkeit entspricht:

_____

_____

Figuroptimierung

Die magische Zauberformel ist simpel: Die Kleider müssen einem passen – nicht zu kurz, nicht zu lang, zu eng oder zu weit – und untereinander proportional abgestimmt sein, um bestimmte Körperteile wenn nötig zu strecken oder zu verkürzen, Körperrundungen abzuschwächen oder zu betonen.

Das Studieren unserer Fotos ist auch bei diesem Ansatz sehr hilfreich.
Die Engländerinnen Susannah Constantine und Trinny Woodhall haben mit ihrem Buch *What Not to Wear* ein Beratungssystem für die individuelle Figur entwickelt. Was trage ich am besten, wenn ich einen großen Busen, schmale Hüften und kurze Beine habe; oder einen langen Oberkörper mit kurzem Hals usw. Wie setze ich mich mithilfe von Kleidern vorteilhaft in Szene?
Es ist unglaublich faszinierend zu erleben, wie das Kürzen eines Rockes oder die richtige Jackenlänge alles stimmiger und attraktiver machen kann. Auch der häufig

vorkommende Fehler, kleine Rundungen und Bäuche unter zu großen Kleidern verbergen zu wollen, wird gern korrigiert, wenn man vergleicht, in welcher Größe man tatsächlich vorteilhafter aussieht.

Die Kleiderdiät feiert Ihre Individualität. Ihre Garderobe ist so einzigartig wie Ihr Fingerabdruck!

Das ist das Paradebeispiel schlechthin, warum es keinen Sinn macht zu versuchen, seinen Bauch unter weiten Tops zu verbergen. Diese Art von Top trägt auf, macht breit und lässt einen wesentlich fülliger erscheinen.

Psychologische
Beweggründe für Kleiderwahl und Kleideranhäufung

Zeitgeist, Mode, Werbung, Konsum

Die Industrialisierung, die zu weltweiten Massenproduktionen von Kleidungsstücken geführt hat, erlaubt es uns immer wieder, neue Stoffe, neue Farben, neue Designs zu erwerben. Das Bedürfnis nach Neuem ist verständlich und Neues ist notwendig, wenn etwas Altes nicht mehr funktioniert. Neues fasziniert und berührt unsere kreative Ader. Es verspricht Verbesserung und Erweiterung. Doch warum haben wir kollektiv eine den Konsum anheizende, chronische Sucht nach Neuem entwickelt?

Dass die Werbung uns suggeriert, dass wir mit Neuem Jugend, Schönheit, Status, Erfolg im Beruf und in der Liebe erreichen, ist entscheidend. Das Verführerischste am Neuen ist das tatsächliche oder scheinbar Reine, Unbefleckte und Frische, was eben wiederum ganz tief im Unbewussten mit Jugend, Gesundheit und Leben verbunden wird.

Das übersteigerte Bedürfnis nach Neuem geht einher mit dem zunehmenden Sauberkeitswahn: Die Haare werden zum Teil täglich zwei Mal shampooniert und für jeden Körperteil gibt es inzwischen ein besonderes Reinigungsmittel. Es fühlt sich gut an, gereinigt aus der Dusche zu steigen. Das Bedürfnis nach *Perfektion* wird befriedigt. »Wenn ich auch Probleme in vielen Lebensbereichen habe, so kann ich doch zumindestens meinen Körper und mich perfekt reinigen.« Und zu diesem Gefühl gehört auch neue Kleidung.

Das Problem ist, dass sich ein neues Kleidungsstück nicht sehr lange neu anfühlt. Und wer war nicht schon mal enttäuscht und verärgert, wenn gleich beim ersten Tragen das Kleidungsstück befleckt wird.

Was steckt noch hinter dem Rausch des neuen Kleidungsstückes?

Ein neues Kleidungsstück anziehen bedeutet auch: »Das ist nur für mich.« Damit wird das tiefe menschliche Bedürfnis nach Anerkennung von Einzigartigkeit beantwortet.

Ein weiterer Grund ist das Gefühl von Fülle und Erfüllung, welches zumindest kurzzeitig durch das Kaufen von neuen Kleidern befriedigt wird. Shopping, um das Spüren der inneren Leere oder der inneren Konflikte zu vermeiden.

 Was erleben Sie, wenn Sie sich ein neues Kleidungsstück kaufen?

→ Beschreiben Sie detailliert, wie Sie sich kurz vorher, währenddessen, kurz danach und ein paar Tage später fühlen?

Die menschlichen Bedürfnisse nachzuvollziehen, die zu Konsum und Kleideransammlungen führen, ist der erste Schritt. Der zweite Schritt besteht darin, alternative Strategien zu entwickeln, um diese Bedürfnisse zu befriedigen.

Ein weiterer Aspekt unseres Kleiderkonsums ist die Schnelllebigkeit unserer Zeit. Kleider werden schneller hergestellt, sind billiger und damit zum Teil auch kurzlebiger. In nur einem Leben haben wir im Vergleich zu vor 50 Jahren mehr Berufe, mehr Interessen und Hobbys, besuchen mehr Länder und haben mehr intime Beziehungen. Dieses wird natürlich von wechselnden Garderoben begleitet.

Mode ist ein komplexes Phänomen. Sie umfasst wirklich all das, was über den Zweck des Schutzes des nackten Körpers hinausgeht. Kleidung entsteht durch Notwendigkeiten, Mode durch Kreativität und Selbstausdruck. Denken Sie nur an die Modeströmungen vergangener Zeiten und versuchen Sie zu differenzieren, was notwenig und was Zeitgeist war.

Profit ist nicht die einzige, aber die dominierende Kraft der Mode- und Bekleidungsindustrie. Von daher zeigen Modenschauen und Zeitschriften Kleider, die dünne, junge Körper bedecken, anstatt Menschen, die Kleider tragen: Wir sollen uns die Kleider anschauen, uns selbst in ihnen sehen und diese dann kaufen. Diese Bilder werden zudem visuell mit dem verbunden, was wir uns wünschen, und gleichzeitig erleben wir durch diese »Vorbilder« eine Abwertung oder zumindest ein Infragestellen unseres Aussehens und die Aufforderung, uns nach ihnen zu richten.

Persönlicher Hintergrund

Unsere Kindheitserfahrungen in Bezug auf Kleider sind sicherlich prägend und in Kombination mit unserem Charakter können sie dazu führen, dass wir aus Angst vor Mangel zu viel anhäufen oder dass wir nicht gern oder allzu gern Geld für Kleider ausgeben.

Auch unsere momentane ökonomische Lage beeinflusst unsere Kleiderwahl.

Wenn wir ein schönes, uns ansprechendes Kleidungs- oder Schmuckstück sehen, müssen wir lernen zu erkennen, ob es zu uns gehört oder nicht.

 Folgende Formeln gehen oft nicht auf:

→ Dieses Stück ist so schön, es wird mich verschönern.
→ Dieses Stück ist schön, wenn ich es trage, zeigt es meinen guten Geschmack.
→ Ich bin schön, dieses Stück ist schön, zusammen sind wir noch schöner.

Ein Grund für viele Fehlkäufe entsteht aufgrund des Prinzessinnen-Komplexes. Ich habe oft erlebt, dass Mädchen und Frauen im Geschäft oder privat ein schönes Kleidungsstück anziehen und enttäuscht, gar gekränkt sind, dass es ihnen nicht steht oder dass der Laden keine passenden Kleider in ihrer Größe oder für ihre Körperform hat. Sie nehmen das persönlich, als ob etwas mit ihnen nicht in Ordnung wäre, anstatt es als Wegweiser zu etwas Besserem und für sie Optimalen zu begreifen. Sie kaufen dann ein Kleidungsstück, nur um etwas zu haben, um nicht leer auszugehen, was einer emotionalen Ablehnung entspräche.

Es ist die Prinzessin in uns, die einfach voraussetzt, dass ihr alles steht. Es ist das junge Mädchen, das aufgrund ihrer jugendlichen gesunden Ausstrahlung einfach alles anziehen kann und immer gut aussieht. Dies kann man bei den Fotomodellen sehen: Sie sind alle sehr jung, haben schlanke Körper, reine Haut und glänzende Haare, was ihre Ausstrahlung so dominiert, dass es, zumindest auf den ersten Blick, nicht wirklich viel ausmacht, was sie tragen.

Individuelle Motivation

Manche Menschen halten an Kleidern fest, die in vielen Aspekten nicht stimmen, weil diese sich schön anfühlen und damit ihr Bedürfnis nach Berührung er-

füllen. Diese Kleidungsstücke haben eine Kuschel-Funktion. Gemäß der Erfahrungen der Kleiderdiät-Teilnehmerinnen scheinen Nachthemden, Strickjacken und Pullover besonders geeignete Ersatzstofftiere zu sein.

T-Shirts und Kleider mit Worten und Symbolen werden oft aufbewahrt, weil wir z.B. Erinnerungen an das Seminar oder die Stadt, die wir besucht haben, nicht einfach wegwerfen wollen. Symbole und Tiere sind uns oft nah, ähnlich wie unsere Lieblingsfarben, und doch fragt man sich, ob das Labyrinth oder der Elefantenkopf auf dem Hemd wirklich zu einem passt, und wenn, ob er die richtige Größe hat. Symbole oder Tierköpfe, die größer als der eigene Kopf sind, überwältigen offensichtlich das Erscheinungsbild. Mithilfe von Symbolen und Tieren kommunizieren wir der Außenwelt, wofür wir uns interessieren und was wir lieben, und oft ist diese Botschaft hinsichtlich eines Teils von uns dann lauter als unser ganzes Selbst.

Kleider werden auch aus ethnotherapeutischen Gründen gewählt und festgehalten. Manche Menschen ziehen sich gern Kleider aus anderen Kulturen und Ländern an. Sie möchten sich mit dieser Kultur verbinden, die Kleidung wird zur Brücke und auch zum Statussymbol des Globetrotters. Das Aloha-Shirt ist ein bekanntes Beispiel, doch wem steht es wirklich? Die kräftigen Farben, die großen Muster und Blumen sehen an den polynesischen Menschen mit ihrer dunkleren Haut und ihren stämmigeren, größeren Körpern oft viel vorteilhafter aus als an hellerer Haut und dünneren Körpern.

Elemente verschiedenster Kleiderkulturen mischen sich im Zuge der Globalisierung in den Modeschöpfungen. Wir haben die Wahl. Manchmal sehnt sich unsere Seele einfach nach Kimonos oder Saris ... Wer weiß, was wir damit heilen und verbinden.

Schauen Sie sich genau an, welche Gefühle an einem bestimmten Kleidungsstück hängen. Sind diese Gefühle oder Erinnerungen im Moment wichtig und erwünscht und für welches Bedürfnis stehen sie? Wenn ja, können Sie sich vorstellen, diese Gefühle oder die Bedürfnisse, die durch die Erinnerung gehalten werden, auch ohne dieses Kleidungsstück in Ihr Leben zu bringen?

Beispiel: Eine Kleiderdiät-Teilnehmerin besitzt einen Schal mit der Aufschrift »Frieden« in verschiedenen Sprachen und zwei ihr wichtige Menschen haben den gleichen Schal. Der Schal drückt ihr Bedürfnis nach Frieden aus und auch die Verbundenheit zu diesen Menschen. Sie

hat diesen Schal nur einmal getragen, die Farbe passt nicht zu ihr. Nun steht sie vor der Entscheidung, diesen Schal zu behalten (vielleicht kann er als Halswickel bei einer Erkältung dienen) oder loszulassen und zu vertrauen, dass sie ihr Bedürfnis nach Frieden anders kommunizieren kann und auch ohne Schal mit den zwei wichtigen Menschen in ihrem Leben verbunden bleibt.

5

Meine persönliche Kleiderpalette

Zugang zu meinen Farben

Für die kontinuierliche Kreation unserer Garderobe brauchen wir Zugang zu den für uns idealen Farben, Stoffen, Designelementen in Verbindung mit unserer Persönlichkeit und Weiblichkeit. In diesem Kapitel werden wir verschiedene Methoden kennenlernen, um unsere Farbpalette zu bestimmen, wir wählen Stoffe, Muster aus und machen uns Skizzen und Listen zu unseren Designelementen.

→ Welche Farben befinden sich momentan in Ihrer Garderobe?
→ Welche Farben tragen Sie am liebsten?
→ Was sind Ihre Lieblingsfarben, unabhängig davon, ob Sie diese tragen oder nicht?
→ Welche Farben mögen Sie an sich gar nicht?

Vertreten/Bevorzugt/Lieblingsfarbe an mir/Lieblingsfarbe überhaupt/ Mag ich nicht an mir/Mag ich überhaupt nicht/ Möchte ich ausprobieren

Treffen Sie nun eine Auswahl Ihrer Kleiderfarben. Diese bilden die Grundlage des Farbteils unserer Kleiderpalette. Haben Sie keine Angst, sich einzugrenzen oder damit für immer festzulegen, das Einkreisen unserer Farben hilft uns beim Fokussieren.

Beispiel:

Vor dem ersten Aussortieren der Garderobe einer Kleiderdiät-Teilnehmerin waren folgende Farben vertreten:
Weiß, Beige, Gelb, Orange, Rot, Weinrot, verschiedene Rosa- und Pinktöne, Lila, Grün, Hellblau, Dunkelblau, Türkis, Braun, Schwarz.
Nach dem ersten Aussortieren konzentriert sie sich lediglich auf:
Töne der Farben Orange (leuchtend, sanft), Gelb (leuchtend, sanft),
Grün (leuchtend, Olive, Grün-Beige).
Dies sind die Farben, mit denen sie sich ganz sicher fühlt. Zusätzlich experimentiert sie mit den verschiedenen Schattierungen von Rot (leuchtend, Weinrot), Braun und Pink.

58 Meine persönliche Kleiderpalette

Meine bevorzugten Kleiderfarben sind:

_____

_____

_____

→ um jemandem gezielt zu gefallen;
→ um etwas Bestimmtes zu kommunizieren.

Farben können uns also überstrah-
len, von uns ablenken oder uns verschwinden lassen.

Personen tragen Farben …

→ ohne nachzudenken, es ist ihnen im
Grunde mehr oder weniger gleichgül-
tig, das Hemd war z.B. im Angebot
oder sie bekamen es geschenkt;
→ die vorgegeben waren und mit dem
Kleidungsstück kamen, das sie haben
wollten oder tragen müssen (Uniformen, Arbeitskleidung: »Ich brauche eine Sportjacke, es gibt sie nur in dieser
Farbe, dann nehme ich einfach die«).

Personen wählen Farben …

→ die ihnen gut stehen, die ihrer Person
entsprechen;
→ die sie überpowern (die Farbe dominiert visuell das Erscheinungsbild);
→ die sie verblassen lassen (die Farbe
schwächt das gesamte Erscheinungsbild oder bewirkt, dass der Kopf dominiert);
→ die gerade modern sind;
→ die ihnen gefallen oder die sie energetisch brauchen;

Generell gilt, dass Farben, die zu kräftig
und nicht im richtigen Ton gewählt sind,
uns dominieren. Wir werden quasi
»übermalt«. Unsere Energie muss gegen
die Farbe ankämpfen. Der Gesamtein-
druck ist laut. Farben, die hingegen zu
blass sind und die nicht unserem Typ
entsprechen, machen uns unsichtbar.
Unsere Gegenüber werden weder unsere
Kleider noch uns sehen. Der Gesamtein-
druck ist abgeschwächt. Dem Bild fehlt
etwas Entscheidendes.
Der wichtigste Punkt bei der Farbwahl
von Kleidern ist es, sich bewusst zu machen, ob die Farbe mit der persönlichen
Pigmentierung in Harmonie ist, ihr also
entspricht oder sie betont. Wenn dies
der Fall ist, verstärken wir unsere Erscheinung von innen nach außen, wir
legen Schichten auf, die unser Licht
durchstrahlen lassen und nicht davon
ablenken. Die verschiedenen Farben unseres Spektrums können wir dann gezielt einsetzen und wir befinden uns im
Modus Präsenz und *Ausstrahlung*.

Wenn wir eine Farbe wählen, die wir mögen, brauchen oder gezielt einsetzen möchten, die nicht unserer Pigmentierung entspricht und unser Erscheinungsbild dominiert, holen wir uns eine Farbfrequenz heran, die von außen nach innen und wieder nach außen wirkt und unser Licht und unsere Ausstrahlung kompromittieren, also dämpfen, bedecken oder verzerren kann. Wir befinden uns dann im besten Fall in einem temporären *Modus Heilung oder Signalisierung* und tragen Kleidung als farbtherapeutisches Medium für uns selbst, als Farbquelle oder Kommunikationssignal für andere.

Die Lieblingsfarbe meiner Mutter war und ist Knallrot, die ihr auch sehr gut steht, also eine glückliche Übereinstimmung von Pigmenten und Präferenz. Doch trug ich in meiner Kindheit von daher auch sehr viel Knallrot, zusätzlich war es eine kollektiv beliebte Farbe der Siebzigerjahre. Dicht gefolgt von Türkis und Pink.

Erst im Zuge meiner Kleiderdiät geschah die Veränderung. Der Wandel von einem gelblichen Knallrot zu einem eher bläulichen, kalten Weinrot verlief fließend. Bei Türkis spürte ich direkt nach der Erstellung meiner Farbpalette, wie diese Farbe mein Energiefeld verließ, verbunden mit dem befreienden Gefühl, einen engen Taucheranzug ausziehen zu können. Nun fühlte es sich nicht mehr so an, als ob ich nur noch durch den Mund bzw.

die Sauerstoffmaske atmen könnte, sondern ich war wieder mit dem ganzen Körper bereit, Energie aufzunehmen und abzugeben.

Pink trug ich viele Jahre lang und die Veränderung zu einem sanften, abgeschwächten Altrosa hin ähnelte einem Entzug. Ich stellte verwundert fest, dass Pink wie ein Antidepressivum gewirkt hat, etwa auf der Wirkungsebene von Schokolade, und meine Entwöhnung dauerte ganze neun Monate.

Die Farben, die wir lieben und die uns ansprechen, sind nicht unbedingt die Farben, die an unserem Körper vorteilhaft wirken. Seit ich denken kann, ist meine Lieblingsfarbe Grün. Das Grün der Blätter, durch das Sonnenlicht fällt, das saftige Grün von Wiesen und exotischen Pflanzen. Diese Grüntöne existieren in Form von Textilien zwar nur annähernd, aber trotzdem gab es in meiner Kleidervergangenheit einige knallgrüne Pullis, Kleider und Schmuck. Irgendwann fiel mir auf, dass mich diese Farbe visuell dominiert. Das heißt, anstatt mich wahrzunehmen, sieht man Grün. Es ist der bekannte, aber nicht unbedingt erwünschte Knallbonboneffekt. Dennoch hielt ich noch ziemlich lange an den letzten leuchtend grünen Ohrringen und einem Pullover fest.

Was ist Ihre Lieblingsfarbe?

Man muss seine Lieblingsfarbe nicht an sich tragen, um ihr nah zu sein oder sie aufnehmen zu können. Manche Menschen können ihre Lieblingsfarbe tragen, für andere ist es vorteilhafter, die Lieblingsfarbe auf andere Art und Weise zu genießen.

Für Frauen, die »zu viele« verschiedene Farben und für Frauen, die »zu wenig« Farbauswahl im Kleiderschrank haben: Sie allein sind diejenigen, die entscheiden, ob sie »zu viele« oder »zu wenig« Farben haben. Generell denke ich, dass, wenn mehr als 100 verschiedene Farbtöne aus über zehn Farbkategorien vertreten sind, Sie davon profitieren würden, diese mit den folgenden Übungen einzugrenzen, und wenn weniger als vier vorhanden sind, Sie Ihr Spektrum bewusst erweitern könnten.

Bei »zu wenig« Farben und dem Wunsch nach mehr Farbe, ist es ratsam, zuerst mit einer Farbkategorie, die Sie anspricht, zu experimentieren (Farblistenspalte: Möchte ich ausprobieren). Hier können wir mit einer Lieblingsfarbe, außer den bereits vorhandenen, beginnen und anhand der folgenden Methoden versuchen, die richtigen Nuancen zu finden, zum Beispiel ein helles oder dunkles, ein gelbliches oder bläuliches Grün.

Nun machen wir uns mit den einfachsten Methoden vertraut, die uns helfen, unsere Farbpalette zu bestimmen.

Im besten Licht anprobieren

Beim Einkaufen lassen sich Farben und Erscheinung am besten vor dem Spiegel erfassen. Dabei ist das Licht ungeheuer wichtig. Ob zu Hause oder im Geschäft: Das Licht kann eine Farbe vorteilhafter oder nachteiliger wirken lassen. Oder einfach ganz anders. Ich habe einmal eine Handtasche in einem großen Kaufhaus gekauft, die blau aussah. Zu Hause im Tageslicht und im Vergleich zu meinem blauen Kleid, für das ich sie ausgesucht hatte, erschien sie dann grün.

Das beste Licht ist Tageslicht. Probieren Sie also Kleider in der Nähe eines Fensters/Schaufensters an.

Wenn der Laden keine Spiegel in der Nähe eines Fensters hat, fragen Sie, ob Sie das Kleidungsstück an das Fenster oder die Tür nehmen dürfen, schauen Sie sich an, ob die Farbe sich stark verändert und machen Sie den *Schmelztest* (wird gleich ausführlicher erklärt) zumindest an ihrer Hand oder ihrem Arm. Gehen Sie möglichst tagsüber und bei bedecktem oder sonnigem Wetter einkaufen, nicht bei dunklem Regenwetter/Gewitter. Es besteht ganz klar die Tendenz, bei Regen knalligere Farben zu kaufen.

Der Schmelztest zeigt uns, ob die Farbe in unsere Haut hineinschmilzt oder abgestoßen wird.

Achten Sie beim Anprobieren auf Ihre spontane Empfindung:
→ Fühlt sich die Farbe wie eine zweite Haut an?
→ Macht die Farbe Sie blass oder lässt sie Sie verschwinden?
→ Scheint die Farbe Ihren Typ zu unterstreichen?

Schmelztest

Der Kompass für unsere Stoffwahl ist die Alchemie unserer Pigmentierung: die Farbe unserer Haut (inklusive Verfärbungen, Adern, die durchscheinen, Leberflecken und Sommersprossen), unserer Lippen, Zähne, Augen (Iris und das Weiß um die Iris herum) und unserer Haare.

Am besten halten wir die Farbe an unsere Wangenknochen und fühlen und sehen, ob diese Farbe in unsere Haut hineinschmilzt, also integriert wird, oder ob sie abgestoßen wird. Diese Methode erfordert allerdings einige Übung.

Fotoauswertung

Beim Einkaufen ist eine Fotoauswertung schwierig. Wenn Sie unsicher sind, machen Sie zu Hause sogleich den Fototest – und dann gegebenenfalls von Ihrem Rückgaberecht als Kundin Gebrauch.
Fotos geben allerdings auch nicht immer genau die fotografierten Farbtöne wie-

der. Überprüfen Sie, wie zuverlässig Ihre Kamera und der Drucker arbeiten. Wenn die Abweichung zu stark ist, sind die Fotos nicht für das Verfeinern Ihrer Farbpalette geeignet.

Die Kreation unserer Farbpalette

Zunächst nehmen wir uns die Liste unserer bevorzugten Fragen von oben und beschreiben die Farben genauer: also Dunkelgrau oder Hellgrau bis Dunkelgrau, oder wir benutzen mittlerweile gängige Begriffe wie Aprikose, Lachs, Himmelblau, Schneeweiß, Perlweiß, Orangerot, Weinrot, Flieder etc.

Die verbale Beschreibung unserer Farben ist lediglich eine erste Grundlage. Wir müssen sie sichtbar machen und da gibt es mehrere Möglichkeiten, die Sie allein, mit einer Gruppe von Frauen oder mithilfe einer Farbberaterin vornehmen können.

Eine Farbpalette zu besitzen ist beim Erwerben von Kleidung sehr hilfreich. Sie unterstützt Sie auch beim Kombinieren. Man muss also das Oberteil, für das man ein Unterteil sucht, nicht unbedingt zum Einkaufen mitnehmen. Die Farbpalette schult unseren Farbsinn und hilft uns, eine Auswahl zu treffen. Farbpaletten nach Suzanne Caygill sind in folgende Kategorien aufgeteilt:

→ Neutrale Farben für die Grundgarderobe (Jacken, Anzüge, Schuhe, Mäntel, Jeans)
→ Haarfarbe
→ Augenfarbe
→ Hautfarbe
→ Romantische Farbe (Lippenton)
→ Power-Farben
→ Pastelle für die Sommerzeit und für die Inneneinrichtung
→ Metalle für die Wahl von Schmuck und Accessoires

Unsere Farben malen

Ursprünglich und zum Teil auch heute noch verbringen die Auszubildenden einer pigmentbestimmten Farbberatung Stunden damit, zunächst ihre natureigenen Pigmente mithilfe von Öl- und Aquarellfarben zu mischen und aufs Papier zu bringen. Der Sinn dieser Übung ist es, die Fähigkeit zur Farbendifferenzierung zu verfeinern und zu erweitern.

Wählen Sie die Farben Ihrer Garderobe (Bestand), Ihre Lieblingsfarben und/oder die Farben, die Ihrer Pigmentierung entsprechen, und malen Sie diese mit Buntstiften oder Wasserfarben auf ein weißes Blatt Papier. Beliebte Formen sind Ihr Farbregenbogen, ein Kreis oder kleine Kästchen. Je mehr Farben Sie zur Verfügung haben, desto besser!

Unsere Farben aus Papieren und Stoffen herstellen

Für das Sammeln unserer Farben auf Papier verwenden wir Zeitschriften, bunte Papiere und Probekärtchen des Malbedarfes. Stofffarbpaletten sind Papierpaletten insofern vorzuziehen, als dass verschiedene Texturen mit berücksichtigt werden können. Papier glänzt oft und Glanz ist an und für sich ein entweder erwünschtes oder nachteiliges Stilelement. Wir sammeln Papiere, Stoffe und Stoffreste in hier aufgeführten Farbkategorien und schneiden diese in kleine Stücke. Dafür empfiehlt es sich, eine Farbpalettengruppe zu formieren. Um 2.000 verschiedene Stoffmuster in 20 verschiedenen Kategorien zu haben, benötigt man 100 Gelbtöne, Rottöne usw. Eine Gruppe von 20 Teilnehmern wäre deshalb ideal.

Eine individuelle Farbpalette hilft bei der Kleiderwahl.

Wir lernen, Farben immer differenzierter wahrzunehmen, wenn wir über sie lesen, unsere Umgebung betrachten und fotografieren und uns Farben auf dem Computer ansehen.

Der Vorteil einer professionellen, auf Ihrer Pigmentierung beruhenden Farbberatung ist der, dass Sie sich im Idealfall in die Hände eines Experten begeben und eine Farbpalette bekommen. Allerdings eignen sich aus Papier hergestellte Farbpaletten nur zur Orientierung. Stofffarbpaletten hingegen sind umso besser, je größer die Stoffauswahl ist. Wenn Farben für uns ausgesucht werden, dann sollte sich dieser Prozess stimmig anfühlen, die Stoffe zum größten Teil miteinander kombinierbar sein und sich die Wirkung unmittelbar aus dem ersten Eindruck ergeben.

Generell ist es ein Nachteil von Farbpaletten, die für einen Typus, nicht für das Individuum hergestellt werden, dass manche Farben schlichtweg nicht stimmen können und andere wiederum fehlen. Ich habe einige Frauen kennengelernt, die falsch oder zu ungenau eingestuft wurden oder denen gesagt wurde, dass sich ihre persönliche Farb-Jahreszeiten-Einordnung geändert hat. Von daher führt kein Weg daran vorbei, dass wir selbst lernen, zu sehen und zu fühlen, welche Farben zu uns gehören.

Achtung! Es geht nicht darum, welchen Jahreszeitentyp man verkörpert, sondern dass man die für sich richtigen Farben allein und in Kombinationen trägt.

Die Farben, die wir wählen, sind bewusst oder unbewusst mit emotionalen Zuständen verbunden. Zum Beispiel assoziiere ich Rottöne mit Kreativität und Leidenschaft. Wenn wir uns in einer Farbe kleiden, um ein Gefühl oder eine Grundstimmung auszudrücken, müssen wir darauf achten, dass wir eine uns entsprechende Farbnuance einer Farbkategorie (Weinrot, Erdbeerrot, Himbeerrot etc.) und nicht eine gesamte Farbkategorie (Rot) wählen.

Nach diesem Abschnitt betrachten wir erneut unsere Fotos und unsere Garderobe und starten eine weitere Aussortierrunde, die auf dem Kriterium *Farbe* basiert.

Achtung! Bevor Sie eine komplette Farbkategorie aus Ihrem Kleiderschrank entfernen, überprüfen Sie, ob es innerhalb dieser Farbkategorie nicht vielleicht für Sie passende Abstufungen gibt.

Erfühlen meiner Stoffe

Welche Stoffarten sind in Ihrer Garderobe vertreten? Welche Stoffe mögen Sie am liebsten? Stellen Sie sich mit geschlossenen Augen vor Ihren Kleiderschrank und fühlen Sie sich durch Ihre Kleider. Achten Sie darauf, ähnlich wie beim Farbenschmelztest, welche Materialien mit Ihren Fingern *verschmelzen* und welche sich fremd anfühlen.

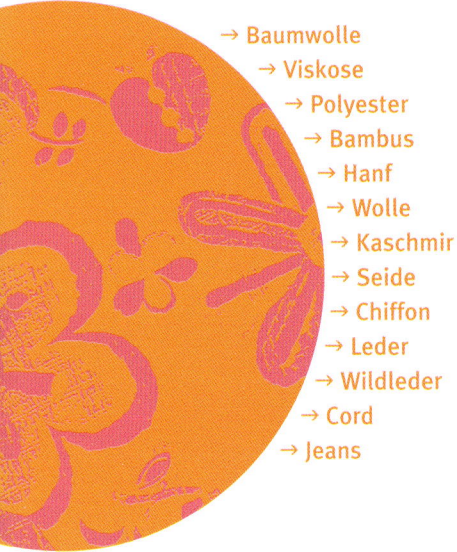

→ Baumwolle
→ Viskose
→ Polyester
→ Bambus
→ Hanf
→ Wolle
→ Kaschmir
→ Seide
→ Chiffon
→ Leder
→ Wildleder
→ Cord
→ Jeans

Visuell ist zu bedenken, dass manche Stoffe gröber und schwerer sind als andere. Samt und Leder, zum Beispiel, tragen mehr auf als Seide und Baumwolle. Achten Sie auch hier darauf, ob die Stoffe Sie dominieren oder unterstützen. Nun folgt eine weitere Aussortierrunde, die auf dem Kriterium Material basiert.

Erkennen meiner Designelemente

Kontrast

Unsere Kleidungsstücke stehen in Kontrast zu unserer Haut, zu unserer Haar- und Augenfarbe und in Kontrast zueinander. Helle Haut und schwarze Kleidung ist der stärkste Kontrast. Den Hautton zu tragen ist der geringste Kontrast.

Den stärksten Kontrast bilden Weiß und Schwarz, ein strahlendes reines Weiß und ein tiefes Schwarz, dann kommt ein durchsichtiges oder perlenfarbenes Weiß und sattes Schwarz, dann ein ganz helles Beige und ein glänzendes Schwarz (das nicht so schwarz wirkt, weil es Licht zurückwirft), dann Kombinationen aus Weiß und Dunkelblau/Dunkelgrau/Dunkelbraun/Dunkelgrün/Dunkelrot. Dann geht es weiter mit Beige und Schwarz, mit Hellrosa und Dunkelblau, mit Hellgrün und Dunkelgrau usw.

Ton in Ton bzw. leichte Varianten einer Farbgruppe ergeben den geringsten Kontrast. Schauen Sie sich Ihre natür-

Gitti trägt dieses geometrische Muster hervorragend, ohne dass dieses von ihr ablenkt.

lichen Kontraste an: Stehen Ihre Augen und Haut- und Haarfarbe zueinander in Kontrast? Oder gehen sie mehr oder weniger ineinander über?
»Schwarz und Weiß geht immer!« Unser Modell Gitti kann die höchste Form des Kontrasts, Schwarz und Weiß, tragen ohne von ihnen überpowert zu werden.

Schwarz und Weiß gehen also nicht wirklich immer und sind nicht für jeden vorteilhaft, doch haben wir diese Moderegel derart verinnerlicht, ohne sie auf unseren eigenen Kontrastlevel abzustimmen.

Weiß sollte nicht weißer als das Weiß der Zähne und Augen sein.

»Schwarz macht schlank!« Stimmt das? Schwarz absorbiert Licht und reflektiert Farben nicht zurück, dadurch wirkt der Mensch dünner und kleiner. Dennoch ist der richtige Schnitt noch wichtiger.
Schwarz wirft keine Schatten auf der Kleidung, von daher sind Wölbungen, Rollen und Falten nicht auffällig. Stellen Sie sich dennoch wie bei allen anderen Farben die Frage: Steht Ihnen Schwarz überhaupt? Macht es Sie nicht zu blass oder dominiert es Sie? Steht Ihnen ein samtiges, tiefes, glänzendes oder mattes Schwarz?

Achtung! Schwarz ist nicht gleich Schwarz und wirkt in den verschiedensten Materialien jeweils ganz anders. Ausgewaschenes, grau gewordenes Schwarz ist nicht mehr schwarz und sieht oft, genau wie andere ausgeblichene Farben, energielos aus.

Mutter und Tochter in stärkenden Farben.

Mutter und Tochter in schwächenden Farben, Kontrasten und Mustern.

Ist Ton in Ton zu langweilig?

Menschen mit einem niedrigen Kontrastlevel wirken stärker in aufeinander abgestimmten Farben oder in einfarbigen Outfits. Um zu vermeiden, dass dieses zu schlicht oder uninteressant wirkt, können wir verschiedene Stoffarten kombinieren, Stickereien, Muster und Accessoires auswählen. Auf alle Fälle macht Ton in Ton in den verschiedensten Farbnuancen schlank und ist oft attraktiver als ganz in Schwarz gekleidet zu sein.

Muster

Muster erfordern den Mut, sich zumindest zeitweilig festzulegen, und Feingefühl für die Wahl der Farben, des Kontrasts und der Proportionen des Musters.

Welche Muster sehen gut an Ihnen aus? Achten Sie bei der Musterauswahl auf Gesichts- und Körpergröße sowie Proportionen.

Welche Muster mögen Sie?

Blumen
→ Rosen, Orchideen, Gänseblümchen
→ Abstrakte Blumen
→ Sonnenblumen
→ Blätter

Geometrische Formen
→ Karos
→ Streifen längs
→ Streifen quer
→ kariert
→ Paisley
→ Tiermuster

Ausdruck meiner Persönlichkeit

Jede von uns hat ihren ganz eigenen Stil, ihre einmalige Signatur und die gilt es zu erkennen und auszudrücken. Stil ist der Ausdruck unserer charakteristischen Art. Die Leitfragen, um unseren Stil erst einmal verbal zu erfassen, sind:

→ Wer bin ich?
→ Was ist charakteristisch für mich?
→ Was mag ich an mir?

Erzählen Sie von sich, Ihren Eigenschaften, Talenten, Hoffnungen und Träumen! Es geht dabei um Charaktereigenschaften, nicht so sehr um Vorlieben für z. B. Frösche, die sich dann auf T-Shirts und Röcken wiederfinden.
Fragen Sie sich dann:

→ Was ist mein Stil?
→ Welcher Stil passt zu mir?
→ Welche Stilrichtungen/Kunstströmungen/Epochen, die Menschen kollektiv kreiert haben, entsprechen meinem Charakter?
→ Was gefällt mir?
→ Wie zeige ich mehr Stil?

Es gibt Tausende von Charaktereigenschaften. Hier sind einige Beispiele.

Hier sieht man, wie Linda hinter dem karierten Muster verschwinden würde.

Mein Stil soll folgende Facetten meiner Persönlichkeit widerspiegeln: Ich bin … inspirierend, liebevoll, kreativ, interessant, klar, leidenschaftlich/sexy, feminin, geheimnisvoll, transparent, authentisch, intelligent/weise, zugänglich/offen, neugierig, entspannt, sanft, ruhig.

In ganzen Sätzen formuliert, könnte eine Beschreibung meiner Persönlichkeit in Bezug auf Kleidung folgendermaßen lauten:

»Ich möchte Menschen mit meiner Kleidung inspirieren. Ich möchte mit meiner Kleidung ausdrücken, dass ich liebevoll mit mir umgehe, eine Frau bin, die kreativ und interessant ist. Insgesamt möchte ich authentisch, intelligent und zugänglich wirken und je nach Situation lebendig, ruhig und leidenschaftlich.«

Beispiel Marie: sinnlich, erotisch, kraftvoll, vital, strahlend.
»Ich möchte mit meiner Kleidung ausdrücken, dass ich das Leben liebe, dass ich dankbar bin für meine Familie und Freunde und dass ich mich sehr mit der Erde und der Natur verbunden fühle.«

Beispiel Jennifer: bescheiden, zurückhaltend, intellektuell, weiblich.
»Ich fühle mich eher als Beobachterin und genieße Perspektiven.
Meine Kleidung soll praktisch und funktionell sein und ästhetisch.«

Beispiel Karin: mutig, sportlich, weiblich, kreativ.
»Es stärkt mein Selbstbewusstsein, mich gut zu kleiden. Ich genieße es, mit meiner Kleidung in Kontakt mit mir selbst zu sein und in den Kontakt mit Menschen zu treten. Meine Kleidung entspricht meiner extrovertierten Natur und ich falle gern angenehm auf und freue mich über Komplimente, die meinen guten Geschmack bestätigen.«

Stiltipp »Tone it down«

Wenn wir unseren Stil ausdrücken, ist es ratsam, anstatt unsere Vorlieben, z. B. für die Mode der Fünfzigerjahre ausschließlich zu tragen, Elemente dieser Zeit mit einzubauen, und auch nur dann, wenn diese gut an uns aussehen. Wenn nicht, dann empfiehlt es sich, das Thema »Fünfzigerjahre« anders zu leben und zu lieben. Wir fragen uns: Wollen wir uns kleiden oder verkleiden?

Ein Beispiel: Ich gehöre zu den vielen Frauen, die Tiermuster lieben, besonders Leopardenfell. Und ich kann dieses Muster generell in den richtigen Proportionen und Farbtönen auch tragen, da es meinen Typ unterstreicht. Doch sollte es nicht übertrieben sein, vielleicht als elegante Version und als Accessoire und nicht als ein ganzes »Fell«.

Schnitt und Länge des Mantels, Länge der Ärmel sind optimal, deshalb ist es manchmal schwer, ein Kleidungsstück loszulassen. Ist das Muster zu stark?

Haare und Kleider

Unser Haarkleid spielt natürlich für unser Aussehen eine große Rolle.

Die Haarfarbe ist eine Farbe unserer Palette und unsere Haarfarbe steht immer in Beziehung (Kontrast, Harmonie) zu den Farben, die wir tragen. Wenn ich Ton in Ton trage, dann trage ich im Grunde drei oder vier Farben, nämlich den Farbton der Kleidung, meine Hautfarbe, meine Augenfarbe und meine Haarfarbe.

Wenn sich unsere Haare auf natürliche Weise verändern, verändert sich auch die passende Farbe auf unserer Farbpalette, doch bleiben die Farben meistens in ihrer jeweiligen Farbfamilie. Wenn wir unsere Haare mit Haarfärbemitteln verändern, wird der Prozess komplizierter, vor allem, wenn die gewählte Haarfarbe nicht der eigenen Pigmentierung entspricht. Von daher ist es am einfachsten, die Haare nicht zu

Teresa trägt ihre Haarfarbe.

färben oder einen Ton der eigenen Palette zu wählen.

Durch die richtige Kleidung (vor allem Farbe und Material) kann man die Schönheit der eigenen Haare betonen, ohne sie chemisch verändern zu müssen. Zum Beispiel werden feine, glatte Haare durch seidige, glänzende Stoffe hervorgehoben. Durch die Wiederholung der Naturhaarfarbe in der Kleidung wird diese betont und die ersten grauen Haare werden überspielt, wenn dieses gewünscht wird. Haare können je nach Kleiderfarbe dunkler und heller wirken, blonder und schwärzer, rötlicher oder brauner. Locken und verschiedene Farbnuancen im Haar kreieren Muster, die in unserer Kleidung wiederholt werden können.

Es ist möglich, dass Sie während des Prozesses der Kleiderdiät das Bedürfnis nach einer neuen Frisur bekommen. Generell ist es jedoch empfehlenswert, zuerst einmal beim Thema Kleidung zu bleiben und vor allem die Übungen hinsichtlich Stil, Farbe und Materialfindung durchzuführen. Wenn Sie in der nachfolgenden Übung Silhouette mit dem Design Ihres Aussehens spielen, würde es sich anbieten, die Frisur mit einzubeziehen.

Kürzere Haare lenken die Aufmerksamkeit eher auf den Körper und die Kleidung. Wenn die Kleidung nicht stimmt, fühlt es sich mit kürzeren Haaren extremer an. Achten Sie bei der Frisurwahl vor allem auf Farbe und die proportional stimmigste Länge.

Mein Repertoire der Weiblichkeit

Finden Sie Zugang zu Ihrer Art von Weiblichkeit und wie Sie diese durch Kleidung ausdrücken können. Spielen Sie mit Ihrer Garderobe! Welche archetypischen Frauenrollen verkörpern Sie oder möchten Sie in Ihr Repertoire aufnehmen? Königin, Prinzessin, Zigeunerin, Tänzerin, Herrscherin Geliebte/Verführerin, Kämpferin, Sportlerin, Mutter, Weise, Lehrerin, Heilerin, Künstlerin, Designerin, Visionärin, Pionierin, Yogini, Zauberin, Nixe, Elfe, Engel oder Muse? Dabei gilt es, diese Archetypen und deren typische Charakteristika als Elemente in unsere Garderobe einzubauen. Wenn mich die Eleganz, Güte und Entschiedenheit einer Königin anspricht, werde ich mich natürlich nicht als Königin mit Krone und Robe verkleiden, sondern eben diese Eigenschaften durch elegantere Kleiderwahl betonen. Vielleicht möchten Sie Engelsenergie durch

Kiras lange füllige Haare können kräftige Accessoires (Schal mit viel Textur) und lange Röcke vertragen.

helle Farben und weiche Stoffe ausdrücken, die innere Zigeunerin durch Röcke und Schmuck, die Nixe durch schillernde Materialien?

Innen und außen

Die Kleider auf unserer Haut markieren die Grenze zwischen unserem Inneren und unserer Interaktion mit der äußeren Welt. Dementsprechend ist das Thema Kleidung immer beiden, den inneren und äußeren Einflüssen ausgesetzt.

Die Kleiderdiät ermöglicht uns, die spirituelle und materielle Seite des Lebens als gleich wichtig anzunehmen und die Illusion hinter uns zu lassen, dass das eine dem anderen überlegen sei. Dann können wir uns inspiriert in einem kreativen Raum, jenseits von Eitelkeit und Enthaltsamkeit, Übersteigerung und Verleugnung bewegen.

Meine Silhouette

Unsere Silhouette (frz. Umriss) bezeichnet die Konturen unseres Körpers. Für dieses wichtige Element unserer Kleiderpalette brauchen wir ein Foto von uns in einem Gymnastikanzug/Bodysuit, frontal und von der Seite. Dieses drucken wir uns aus und zeichnen unseren Grundriss nach, von dem wir dann einige Kopien machen.

Ich weiß, dass diese Übung es in sich hat, denn letztendlich zwingt sie uns, unseren Körper wirklich anzunehmen. Unsere Modelle mussten sich auch einen

Ruck geben, doch die Aussicht auf die Rolle des Designers war inspirierend. Unsere Silhouette ist wie eine Leinwand und lädt uns ein, Kleider für uns zu entwerfen. Der Umgang mit unserer Silhouette schult unsere Wahrnehmung von Proportionen. Sehen Sie sich am besten unsere Beispiele an und legen Sie dann selbst los.

Ihre Designs

→ Länge: Zeichnen Sie ideale Rock-, Hosen-, Jacken-, Kleider- und Oberbekleidungslängen ein.
→ Form: Zeichnen Sie verschiedene Rock-, Hosen-, Jacken-, Kleider- und Oberbekleidungsformen.
→ Zeichnen Sie verschiedene Halsausschnitte.
→ Ergänzen Sie Accessoires (Schmuck, Handtasche, Gürtel, Halstuch).
→ Zeichnen Sie Schuhe (Freizeit, Arbeit, Abend).

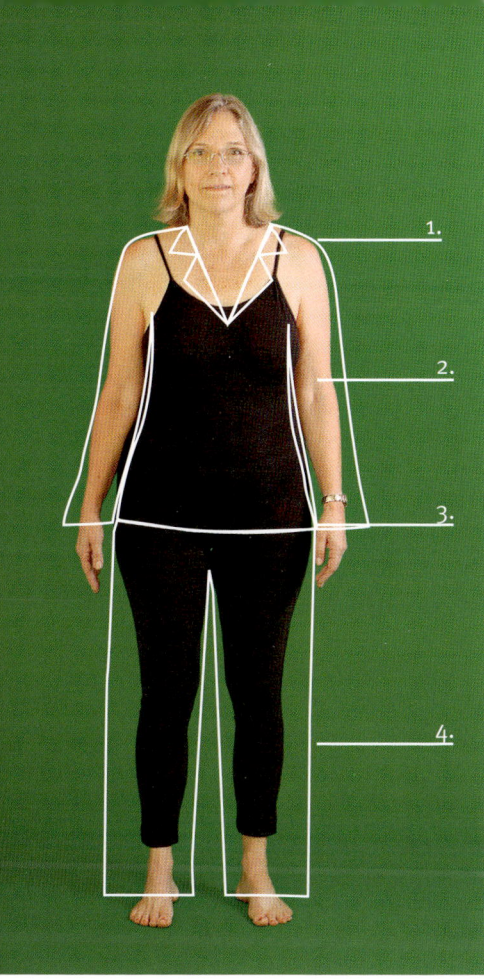

1.
2.
3.
4.

1.
2.
3.
4.
5.

1. Jacke sollte keine Polster haben, da Schultern und Hüfte gleich weit sind.
2. Eine taillenbetonte Jacke, die am weitesten Punkt der Hüfte endet, kann auch länger sein.
3. Ideale Ärmellänge.
4. Optimale Hosenform mit der richtigen Länge.

1. Taillenbetonte Jacke oder kurze Jacke bis zur Taille.
2. Jacke, Blazer.
3./4. Längere Jackenlängen, Shorts, kurzer Rock.
5. Langer Rock.
Jacken, Pullover, T-Shirts, die in dem Bereich zwischen der 2. und 3. Linie enden, machen Kira in dem breitesten Bereich ihres Körpers breiter.

Gitti findet anhand der sechs verschiedenen T-Shirts heraus, welcher Ausschnitt am vorteilhaftesten ist.
Der Ausschnitt ist zu groß und dominiert Gittis Gesicht.

Mit Accessoires wird der große Ausschnitt gefüllt. Die Kette schafft sozusagen einen kleineren Ausschnitt. Gitti kann aufgrund ihrer energetischen Ausstrahlung und ihres Körper viel Schmuck gleichzeitig tragen.

Der Ausschnitt fühlt sich zu eng und klein an und sieht auch so aus.

Der Ausschnitt ist etwas besser. Die Schulterbreite des trägerlosen T-Shirts ist zu breit.

Der Ausschnitt ist vorteilhafter, müsste jedoch mit Schmuck optisch verkleinert werden.

Diesen Ausschnitt kann Gitti ohne Schmuck tragen. Er ist nicht zu eng und nicht zu groß.

76   Meine persönliche Kleiderpalette

Es geht darum, dass wir uns bis ins letzte Detail wohl fühlen. Nicht stimmige Ohrringe können dem ganzen Outfit Energie abzapfen. Hier sehen Sie drei meiner Lieblingsketten, die alle zum Outfit passen und doch habe ich eine klare Rangfolge: Rosenquarz, Glasperlen, Perlen.

Fotos zeigen uns, ob Ketten und Schmuck uns verschönern oder von uns ablenken. Manche Frauen, wie unser Modell Gitti, können mühelos Ohrringe, Armbänder, Halskette, Gürtel, Ringe und Sonnenbrille tragen, ohne davon dominiert zu werden. Ich trage meistens nur Halsketten und ein oder zwei Ringe und dann eventuell noch Gürtel, Halstuch und eine Brille. Zusätzliche Armbänder und Ohrringe sind mir gefühlsmäßig und optisch zu viel.

Meine persönliche Kleiderpalette   77

Hier kann man gut sehen, dass Schmuck ergänzt. Welche der drei Versionen finden Sie am besten?

Gewichtsänderung

Ein Hauptgrund für das Aufschieben einer Garderobentransformation ist, dass man erst mal abnehmen möchte. Über diese Hürde müssen Sie springen. Kleidungsstücke, die nicht mehr passen, lassen wir los, denn die Wahrscheinlichkeit liegt bei 80 %, dass diese Kleider die anderen, bereits besprochenen Kriterien (Farbe, Material, Qualität, Stil etc.) ebenfalls nicht mehr erfüllen. Dieses bedeutet also, nicht zu warten, bis man abgenommen hat. Während der Schwangerschaft oder einer Diät empfiehlt es sich natürlich, mit dem Aufbau der Garderobe zu warten, das Aussortieren kann aber stattfinden. Es hätte sogar den Vorteil, den neuen Lebensabschnitt vorzubereiten.

Viele Emotionen sind mit dem Thema Gewicht verbunden. Fast jede Frau findet sich zu dick, unabhängig von ihrem tatsächlichen Gewicht und Aussehen, und dies beeinflusst ihren Kleiderkauf hinsichtlich der Größen, die sie wählt.

Ich selbst habe nach der Schwangerschaft mit meiner Tochter auch noch an ein paar Kleidungsstücken festgehalten, die mich daran erinnern sollten, dass ich diese mal tragen konnte. Auch wenn die Kleider nun schon lange weg sind, denke ich auch heute noch manchmal, zehn Jahre nach der Geburt meiner Tochter und zehn verteilte Pfunde schwerer, an den anderen Körper, den ich einst hatte. Das ist normal und okay und hat damit zu tun, dass wir uns lange mit diesem Körper identifiziert haben. Doch müssen wir uns bewusst in die Gegenwart begeben und in die momentane Beziehung mit unserem Körper einfinden. Wir brauchen Kleider und haben die Möglichkeit, diesen Körper mithilfe von Kleidern zu verschönern.

Beim Aussortieren sind die Kleidungsstücke ausgenommen, die plus/minus eine Kleidergröße abweichen und unsere kennengelernten Kriterien erfüllen. Gewichtsschwankungen sogar innerhalb eines Monats sind für manche Frauen aufgrund hormoneller Veränderungen normal. Ich kenne eine Anwältin, die all ihre Kostüme und Anzüge in zwei Größen kauft, denn ihr Gewicht schwankt innerhalb eines Jahres.

Kleider, die zu eng sind, sind ungesund. Kleider, die zu groß sind, sehen unvorteilhaft aus.

Das zweite Hauptargument widerstrebender Kleiderdiät-Teilnehmerinnen ist, dass zu große Kleider *bequem* sind. Inzwischen gibt es nicht nur Stretch, sondern passende Kleider sind überhaupt bequem, deshalb sind sie ja passend.

Die Psychologie vom Tragen zu großer Kleider hat mit dem Wunsch, sich oder einen Teil seines Körpers zu verstecken und zu schützen, mit unseren Kleider- und Körperwunden zu tun. Auch wenn sich Formen durch zu viel Stoff verbergen lassen, so nimmt dennoch die Gesamterscheinung an Größe und Gewicht zu.

Manchmal ist der Stretchanteil zu hoch und nach nur einmaligem Tragen ist das Kleidungsstück ausgeleiert. In diesem Fall könnte es ratsam sein, eine Nummer kleiner zu kaufen.

Kleidung mit Intention: Meine Präsenz ist meine Kommunikation!

Die Veränderung Ihrer Garderobe wird Ihre Sichtbarkeit erhöhen. In dem Moment, in dem Sie Energie und Aufmerksamkeit in Ihr Aussehen investieren, erhöhen Sie schon Ihre Schwingung. Die meisten von uns möchten gesehen, wahrgenommen und respektiert werden. Dabei möchten wir je nach unserem Temperament nicht unbedingt zu sehr auffallen. Das Tragen von auffälliger Kleidung ist lediglich eine Strategie, um gesehen zu werden. Das Tragen von stimmiger Kleidung erfüllt dieses Bedürfnis ebenso. Wenn Frauen zu auffällige Kleidung tragen, scheint dies nach Aufmerksamkeit zu rufen. Wenn Frauen zu unscheinbare Kleidung tragen, scheint dieses mit Resignation einherzugehen oder sie möchten sich verstecken. Die Antwort lautet in beiden Fällen, sich selbst mehr Aufmerksamkeit zu schenken und zu schauen, was hinter all dem steckt.

»Mit meinen Kleidern durch das Leben atmen«

Diese Übung ist eine konstante Begleitung unseres Prozesses. Unser Atem weist uns nicht nur auf zu enge oder weite Kleidungsabschnitte hin, sondern vor allem auch darauf, ob wir insgesamt mit unserer Kleidung im Fluss sind.

Wie atme ich in diesem Outfit?
Kann mein Atem durch den ganzen Körper fließen?
Wo bleibt mein Atem stecken oder wo verliert er sich?

Unsichtbarkeit versus Auffallen

Wählen Sie an einem Tag ein Outfit, das Sie möglichst »unsichtbar« macht. Zu große Kleidung und Farben, die Sie blass machen, werden diesen Effekt erzielen. An einem anderen Tag wählen Sie ein auffallendes Outfit. Kräftige Farben und generelle Regelbrecher, wie zu kurz, zu lang, viele Accessoires (vor allem, wenn Sie sonst kaum welche tragen), werden die Blicke auf Sie lenken. Achten Sie bei jedem Experiment auf Ihre Atmung, Ihr Befinden und die Reaktionen Ihrer Umwelt.

 Tipp zur Balance zwischen Gesehen-werden-Wollen und Nicht-auffallen:

Tragen Sie die neutralen Farbtöne Ihrer Farbpalette. Schwarz, Weiß, Braun, Beige, Grau, Dunkelblau, Dunkelgrün gelten als neutrale Farbtöne. Diese haben den Effekt, dass man gesehen und wahrgenommen wird, sich dadurch auch respektiert fühlt, aber man nicht unbedingt auffällt. Manchmal können auch andere Farben zur neutralen Palette gehören.

Die anderen Kontraste, mit denen man experimentieren kann, sind, sich sehr feminin und dann sehr männlich zu kleiden; oder an anderen Tagen sehr sexy mit viel Haut, im Gegensatz zu schlicht und züchtig bedeckt; und dann für einen Anlass overdressed und underdressed, also im feinsten Outfit zur Gartenparty und in legerer Kleidung zum Geschäftstermin. Beobachten Sie, wie sehr Ihre Kleidung Ihr Befinden beeinflusst und wie Kleidung Ihre Energie erhalten oder zerstreuen kann.

Experimentieren Sie mit den Farben Ihrer Kleiderpalette

Wenn wir unseren Hautton tragen, sind wir zugänglicher für andere. Wenn wir unsere Augenfarbe tragen, fassen Menschen leichter Vertrauen zu uns, hören uns besser und sind offener für unsere Botschaft. Wenn wir neutrale Farben tragen, handeln wir uns Respekt ein und wenn wir Rottöne, also unsere Lippen- und Wangenfarben anziehen, zeigen wir unserer Umwelt unsere kreative, leidenschaftliche und romantische Seite.

Teresa trägt den für sie idealen Rotton und ist von ihm umgeben. Dies zeigt, dass rothaarige Menschen wunderbar Rot tragen können, wenn es der richtige Rotton ist.

Die Garderobenwächterin

Die Garderobenwächterin ist eine kollektive Persönlichkeit, die uns mit Weisheit, einem unfehlbaren Sinn für Geschmack, Stil, Kunst und Humor bei unserer Kleiderwahl beisteht. Die großen sanften Augen unserer Garderobenwächterin symbolisieren Liebe, Akzeptanz und Sanftheit und senden die Botschaft aus, dass wir schön sind, genau so, wie wir sind.

Doch schaut die Garderobenwächterin leicht besorgt und streng auf überfüllte Kleiderschränke mit wenigen Glanzstücken.

Die Garderobenwächterin wacht mit Logik und Klarheit über unsere Garderobe und hilft uns, äußerst wählerisch zu sein. Sie verkörpert unseren inneren Snob, der nur das Beste, Stimmigste an unseren Körper und in unseren Kleider-

schrank und damit in unser Leben hineinlässt. Hebt dieses Kleidungsstück meine Energie an? Nicht nur zu einem kurzweiligen High, sondern beständig? Was darf in den Schrank? Ihre Aufgabe ist es, das aus der Garderobe zu befreien, was uns nicht länger dienlich ist, und die Kleider, die sich an der Schwelle zu unserem Kleiderschrank befinden, auf zehn Kriterien hin zu prüfen, bevor sie Einlass finden:

| Farbe |
| Größe |
| Material |
| Stil |
| Muster |
| Kombinierbarkeit |
| Anlass |
| Qualität |
| Energie |
| Preis |

Sie können sich die Garderobenwächterin ausschneiden, kopieren und bei sich tragen. Ihre Entscheidung für Ja oder Nein basiert auf den zehn Punkten, für jeden Finger an unseren Händen einen.

Die genannten zehn Kriterien dienen erstens dem Aussortieren und zweitens dem Erwerb Ihrer für Sie passenden Kleidung.

Farbe

Ist die Farbe auf meiner Farbpalette? Ihre Farbpalette ist entweder von einem/

82

einer Farbberater/in oder Ihnen selbst hergestellt (Anleitungen auf S. 58).

Wenn die Farben stimmen, betrachtet man das Gesicht und die gesamte Erscheinung und nicht nur die Kleidung.

Größe

Passt mir das Kleidungsstück? Die Anfertigung einer Liste mit unseren Maßen ist nicht nur für unseren Kleidererwerb sinnvoll, sondern hilft auch unserer Kleiderdiät-Gruppe, Kleider für uns mit »anzuziehen«. Maße und Größen variieren von Marke zu Marke, von Stadt zu Stadt und von Land zu Land.

Sich mit den Größen und auch Schnitten bestimmter Marken vertraut zu machen hilft zusätzlich beim fokussierten Kleiderkauf. Andererseits sollten Sie sich von den Konfektionsgrößen nicht zu sehr beeinflussen lassen. Hauptsache, das Kleidungsstück hat einen guten Sitz. Generell stellen wir anhand unserer Fotos fest, welche Größenverhältnisse uns optimal präsentieren.

Nehmen Sie ein Maßband und Ihre Maße mit zum Einkaufen. Man kann durch das Vorabmessen Zeit sparen.

Kleider und Teile eines Kleidungsstückes können zu eng oder zu weit, zu groß oder zu klein, zu lang oder zu kurz sein. Das Kleidungsstück muss passen, und wenn es nicht ganz passt, muss abgeschätzt werden, ob a) eine Änderung möglich ist und b) sich dieses vom Zeit- und Geldaufwand lohnt.

Es empfiehlt sich, die Kleidung immer gleich anzuprobieren. Im Laden sollte man außerdem aus der Umkleidekabine heraustreten und sich in einem Spiegel mit Abstand anschauen.

Immer wieder höre ich etwa Folgendes: »Also für meinen komischen Busen gibt es einfach keine passenden Blusen.« Das wird dem Busen oder auch einem anderen Körperteil nicht gerecht. Früher wurde alles maßgeschneidert oder selbst hergestellt, nun gibt es Massenherstellung, das macht jedoch den Busen nicht komisch, er ist einfach individuell. Viele Frauen empfinden beim Kleiderkaufen Frustration, weil es für ihre Maße und Proportionen keine passenden Kleider zu geben scheint.

Dieses wird viel zu persönlich genommen. Es ist einfach nicht möglich, Kleider für die Masse herzustellen und dabei die Maße jeder Frau mitzuberücksichtigen. Jede Frau erlebt beim Einkaufen, dass ihr Kleider nicht passen. Es ist wirklich jedes Mal ein Glücksfall, wenn ein Kleidungsstück perfekt sitzt.

Selbst nähen zu lernen, mit einer Schneiderin zusammenzuarbeiten und Änderungsdienste in Anspruch zu nehmen, lohnt sich. Doch viele von uns sind entweder zu bequem oder wollen kein Geld für Änderungen ausgeben. Doch ist dies das Gleiche, wie mit einer verschnittenen Frisur umherzulaufen. Es nimmt Energie und kompromittiert das Aussehen.

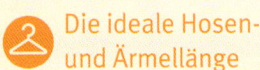 **Die ideale Hosen- und Ärmellänge**

Die ideale Hosenlänge muss jede Frau für sich herausfinden. Zu lang ist die Hose, wenn sie vorn aufschlägt, zu viele Falten wirft oder auf dem Boden schleift.

Eine durchschnittliche Hosenlängenänderung kostet unter 15 Euro.
Ärmel von Kleidern, T-Shirts, Pullovern und Jacken sollten bis zum Handgelenk reichen. Wenn nur die Finger zu sehen sind, ist der Ärmel eindeutig zu lang.
Eine Ärmellängenänderung kostet zwischen 15 und 30 Euro. Der Preis richtet sich nach der Verarbeitung des Ärmels (Knopflöcher, Manschetten, Rüschen etc.).

 **Übung**

Konzentrieren Sie sich eine Woche lang nur darauf, wie sich Ihre Kleider vom Sitz her anfühlen. Sie brauchen dazu allerdings einen Maßstab, also wirklich perfekt sitzende Kleidung, denn manche von uns haben seit Jahren keine richtig passenden Kleidungsstücke mehr getragen. Nehmen Sie sich die Zeit und lassen Sie sich einmal Kleider/BHs anpassen.
Sinn und Zweck der Übung ist es, nur noch das befriedigende Gefühl der zweiten Haut gelten zu lassen.

Material
Mag ich das Material? Fühlt es sich gut an? Sieht es gut an mir aus?
Hierzu nehmen wir unsere Liste von Materialien und Stoffen, die man bevorzugt oder ausprobieren möchte. Es gibt drei Gruppen von Stoffen und Materialien, die uns derzeit zur Verfügung stehen:
→ natürliche Fasern von Pflanzen und Tieren (z. B. Baumwolle, Wolle, Kaschmir, Leinen, Seide, Leder, Hanf, Bambus);
→ synthetische Fasern (z. B. Polyester, Kunstleder, Pailletten);
→ aus natürlichen Rohstoffen hergestellte Fasern (z. B. Viskose).

Das Material deutet schon darauf hin, wie wir es zu pflegen haben und ob das

Kleidungsstück gebügelt werden muss oder nicht. Wenn Sie wissen, dass Sie keine Zeit oder Lust zum Bügeln haben und auch niemanden dafür anstellen, dann ist es ratsam, nur bügelfreie Kleidungsstücke zu erwerben.

Ich bin lange durch eine Antibügelphase gegangen, habe aber diesbezüglich meinen Weg gefunden. Die meisten meiner Kleidungsstücke sind bügelfrei und das ist auch meine erste Wahl. So habe ich ungefähr nur eine halbe Stunde pro Monat zu bügeln und das kombiniere ich entweder mit gleichzeitigem Telefonieren oder ich bügele als Meditation und Entspannung. Wie mit Kochen und anderen kreativen Projekten macht es mir Spaß, so möglichst liebevolle Schwingungen in die Kleidung hineinfließen zu lassen.

Stil

Entspricht dieses Kleidungsstück meiner Persönlichkeit, meinem Stil?

Passen die Rüschen, Knöpfe, der Ausschnitt, die Reißverschlüsse und Puffärmel zu Ihrem Stil?

»Aber ich mag das Kleidungsstück«, ist einer der am häufigsten verbal ausgedrückten Widerstände. Warum lieben Sie das Stück? Warum hängen Sie an einem Kleidungsstück, ohne sich darum zu kümmern, wie es an Ihnen aussieht? Sie können jedes Kleidungsstück mögen, aber nicht unbedingt *an* Ihnen.

Ob ein Kleidungsstück aktuell oder zeitlos modisch ist, hängt von der Farbe,

dem Schnitt, dem Material und Muster ab. Inwieweit man sich entscheidet, ob man aktuelle oder zeitlose Mode trägt, bestimmt der persönliche Stil. Es gibt Modefarben, die uns entweder entsprechen oder nicht. Wenn unsere Farben in den Läden vertreten sind, ist es an der Zeit, die Garderobe aufzustocken. Kleider, die weder aktuell noch zeitlos modisch sind, sind Kleider, die an eine ganz bestimmte Zeit, Epoche oder Ereignisse gebunden sind und die diese an Ihnen verstärken und hervorheben würden.

Die Ärmel sind zu lang, die Jacke eine Nummer zu groß. Eine Änderung wäre sehr aufwändig.

Muster

Stimmt das Muster für mich? Entspricht es mir? Mag ich es?

Passen Musterart (Paisley, Tiermuster, Blumen, kariert, längs gestreift, quer gestreift, geometrische Formen: Kreise, Dreiecke, Quadrate, Pünktchen, Buchstaben usw.), Kontrastlevel, Proportion, Größe, Stil zu mir?

Stimmt die Einfarbigkeit? Die Abwesenheit von Mustern kann schwächen oder stärken. Oft kann man bei einfarbiger Kleidung durch Accessoires oder Kombinationen mit anderen einfarbigen Kleidern Muster kreieren. Auf den Punkt gebracht: Dominiert mich das Muster oder dominiere ich das Muster oder bin ich mit dem Muster in Harmonie?

Kombinierbarkeit

Kann ich dieses Kleidungsstück mit mindestens drei Teilen meiner Garderobe kombinieren?

Die drei Teile müssen aus einer oder mehreren der folgenden Kategorien kommen, dabei visualisieren wir von oben nach unten:

→ Hut
→ Schal/Tuch
→ Schmuck
→ Brille
→ Oberteil
→ Kleid
→ Kostüm
→ Jacke
→ Mantel
→ Tasche
→ Rock
→ Hose
→ Schuhe

Was machen wir mit Einzelgängern?

Viele von uns haben Kleidungsstücke in unserem Schrank liegen, die wir gekauft, aber für die wir noch nichts Passendes gefunden haben. Es können Jahre vergehen und das Einzelstück wartet immer noch auf seine Ergänzung. In diesem Fall ist es ganz wichtig, zu visualisieren, was denn überhaupt zu diesem Kleidungsstück passen könnte.

Ich hatte auch einige von solchen Einzelgängern in meiner Garderobe, bis ich dann durch das Visualisieren erkannte, dass es nichts für mich gibt, was ich damit kombinieren könnte.

Beispiel: ein langer blauer Rock mit einem Muster aus verschiedenen Blautönen. Ich probierte verschiedene Tops in passenden Blautönen aus, aber es schien zu fade. Tops in kontrastierenden Farben waren hingegen zu stark. Die einzige Möglichkeit wäre ein Top aus dem gleichen Muster und Material, also praktisch ein Rockkleid, aber die Wahrscheinlichkeit, dass ich dieses finden würde, war gering. Dieser Rock musste weitergegeben werden an eine Frau, die entweder gut in diesen bestimmten Blautönen aussieht oder starke Kontraste und kühnere Farbkombinationen tragen kann.

Hängen Sie ein ungetragenes Kleidungsstück, das den Aussortiervorgang bestanden hat, auf Ihren Kleiderständer oder an eine Tür oder Wand, wo Sie es einfach in den nächsten Tagen immer beim Vorbeigehen sehen können. Es hängt dort wie eine Skizze auf einem leeren Blatt Papier und wartet auf seine Ergänzung. Es wird nicht lange dauern und Ihnen werden Ideen kommen, wie Sie dieses Bild fertig malen können, mit Teilen Ihrer Garderobe oder mit noch zu selektierenden Kleidungsstücken.

Anlass

Brauche ich dieses Kleidungsstück wirklich und wann und wie oft kann ich es tragen?

Wir haben eine Grundgarderobe: Freizeit, Alltag, Besorgungen, kurze Reisen, Arbeit, abends zum Ausgehen und Kleidungsstücke für besondere Anlässe.

Wir brauchen Kleider für verschiedene Klimata und Jahreszeiten. Viele Fehlkäufe entstehen durch den Zeitdruck, ein Outfit für einen besonderen Anlass zu finden. Es ist daher empfehlenswert, für besondere Anlässe, wie Familienfeiern (Hochzeiten, Geburtstage, Beerdigungen), Betriebsfeste, berufliche Präsentationen und romantische Rendezvous vorab zu planen.

Unser Inventar hilft uns, einen Überblick zu behalten, was wir wirklich benötigen. Wenn wir schon drei lange dunkelbraune

Hosen haben, brauchen wir wirklich eine vierte? Dieses muss ganz individuell abgewogen werden. Bei drei nicht identischen dunkelbraunen Hosen gibt es eine Rangfolge, was im Prozess der Kleiderdiät ein Aussortieren der am seltensten getragenen dunkelbraunen Hose befürwortet. Wenn ein Kleidungsstück optimal ist, also alle Kriterien erfüllt, dann kann es empfehlenswert sein, dieses doppelt zu kaufen.

Zum Thema Anlass gehört auch, ob das Kleidungsstück unserem Alter entspricht. Viele Frauen neigen dazu, sich in Mädchenmanier und wie ein Teenager zu kleiden: kurze schwingende Röckchen, bunte lustige Haarbänder, bauchfreie Kleidung. Vielmehr geht es darum, sich als Frau anzunehmen und zu zeigen.

Und dann gibt es noch eine Anlassfalle. Wir neigen dazu, unsere Lieblingsstücke und besten Kleider für besondere Anlässe aufzuheben. Das hat mit der Arbeit, der wirtschaftlichen Situation und den Gebräuchen unserer Eltern und Vorfahren zu tun. Ob Hausfrau oder Maurer, manuelle Arbeit macht Kleidung schmutzig. Unter der Woche zog man Arbeitskleidung an und am Sonntag in die Kirche etwas Feines und Sauberes. In handwerklichen Berufen zieht man heute noch Arbeitskleidung an, aber ansonsten hat sich viel geändert. Viele Menschen kleiden sich jetzt schick und fein für die Arbeit und möchten dann die restlichen Stunden in legerer Freizeitkleidung verbringen. Der Trend der Zeit ruft uns in jedem Fall zu: Lebe heute und ziehe jeden Tag Lieblingsstücke an. Wenn wir sie schonen, wird die Zeit im Schrank sie auch langsam verbrauchen.

Qualität

Die Qualität eines Kleidungsstücks bestimmt, wie lange es uns dient. Wir fragen uns also: Wie lange wird dieses Kleidungsstück halten? Jahrzehnte oder ist es eine kurze Begegnung? Oder bezüglich gebrauchter Kleidung, wo befindet sich dieses Kleidungsstück in seiner Lebensspanne zwischen neu und ausgedient? Gern getragene Sachen, wie Jeans oder Lederjacken, können in ihrem fortgeschrittenen Alter sogar an Patina gewinnen, während andere Lieblingteile nach häufigem Tragen und Waschen an Qualität verlieren. Statistische Umfragen ergaben, dass Europäer im Vergleich zu Amerikanern mehr auf Qualität achten als auf den Preis. Bei den Amerikanern steht der Preis insgesamt an erster Stelle. Qualität wird nicht nur durch Haltbarkeit bestimmt. Gute Qualität von kostbaren, schönen Stoffen, die sorgfältig verarbeitet wurden, vermittelt einen lebendigen Ausdruck von Harmonie, bringt Farben besser zur Geltung und wirkt veredelnd. Wenn man sich ein qualitativ hochwertiges Stück anschafft, hat man oft mehr davon, als es aus Preisgründen nicht zu erwerben und dann drei qualitativ minderwertigere Teile kaufen.

Energie

Hier benutzen wir unsere Intuition und Bauchgefühl. Es kann sein, dass bis zu diesem Punkt alle vorherigen acht Punkte zutreffen und doch irgendetwas nicht stimmt. Es kann die Schwingung des Kleidungsstückes sein, die nicht im Einklang mit uns ist, oder wir mögen es einfach nicht und finden es nicht schön genug – es scheint etwas zu fehlen.
Wir fragen hier: Ist dieses Kleidungsstück, egal aus welcher Kategorie (Freizeit, Arbeit, Abend), den schönsten Kleidungsstücken und Outfits meiner bestehenden Garderobe ebenbürtig oder hebt es meinen Durchschnittsenergielevel sogar an?
Hierher gehört auch die Herstellung eines Kleidungsstücks (schlechte Arbeitsbedingungen, Kinderarbeit) und die Gesundheitsförderlichkeit (Natürlichkeit, Behaftung mit Schadstoffen etc.). All diese Kriterien beeinflussen die energetische Ausstrahlung eines Kleidungsstückes.

Preis

Dieses Kriterium steht aus guten Gründen an letzter Stelle. Wir machen unsere Einkäufe nicht mehr nur oder zum größten Teil vom Preis abhängig. Während wir die ersten neun Kriterien für ein bestimmtes Kleidungsstück abchecken, üben wir uns in unserer Fähigkeit, die richtigen Kleider für uns auszuwählen.
Die meisten von uns haben Kleidungsstücke im Schrank, die wir nicht erworben hätten, wenn sie teurer gewesen

wären. Nun sind sie Hüllen, durch die der kurzlebige Rausch des Schnäppchens blies. Mit dieser Gewohnheit, den Preis erst am Ende zu checken, erweitern wir uns zumindest mental. Teurere Kleidungsstücke sind oft einzigartiger und qualitativ hochwertiger. Wir können immer noch sagen, dieses Kleidungsstück erfüllt neun Kriterien, aber der Preis ist mir zu hoch. Dann schicken wir die Botschaft hinaus, dass wir dieses Stück gern günstiger hätten, und erhöhen damit die Wahrscheinlichkeit, dieses dann auch günstiger zu bekommen. Wir können auch warten, bis es herabgesetzt wird. Man kann überprüfen, wie sehr man seinen Kauf vom Preis abhängig macht, indem man sich fragt, ob man auch das Doppelte für dieses Stück ausgeben würde.

Der Preis ist auch einer der Hauptgründe, warum wir ein Kleidungsstück nicht loslassen können. Es tut weh, eine 100-Euro-Bluse, die nur einmal getragen wurde, wegzugeben. Doch müssen wir uns bewusst machen, dass es noch schlimmer ist, wenn diese 100-Euro-Bluse uns jahrelang aus dem Kleiderschrank heraus anschaut. Am besten besinnen wir uns darauf, dass Geld Energie ist und dass das-In-den-Fluss-Bringen dieser Bluse wieder die Energie und damit das Geld in den Fluss bringt.

Diese Hemdbluse hat Karin auf einem Flohmarkt erstanden – ungetragen und für nur zwei Euro!

Meine persönliche Kleiderpalette   89

6

Sinnvolles Loslassen

Garderobentiefgang

Nun ist es an der Zeit, all das Gelernte im eigenen Rhythmus zu verdauen und anzuwenden. Was meinen Sie, wie viel Ihrer Kleidung haben Sie losgelassen? Was ist die konkrete Anzahl und der prozentuale Anteil Ihres Inventars? Vielleicht haben Sie gleich am Anfang noch vor dem Fotografieren einen Sack gefüllt? Bitte zählen Sie und beziehen Sie alles mit ein, denn dies ist ein großer Erfolg, ein Akt des Mutes und der Entschlossenheit, der gewürdigt werden will. Nun ist es wichtig, mithilfe aller Kriterien der Garderobenwächterin noch einmal Ihre gesamte Garderobe durchzugehen.

Sensibilisierungsübungen

Nehmen Sie jedes Ihrer Kleidungsstücke mit geschlossenen Augen an sich wahr, während Sie stehen und während Sie sich bewegen.
Auch beim Einkaufen ist es sinnvoll, das Kleidungsstück erst zu spüren. Wenn es sich gut anfühlt, schauen wir es uns an. Diese Übung hilft, den Kleiderwächterinaspekt Größe immer besser zu erfassen.

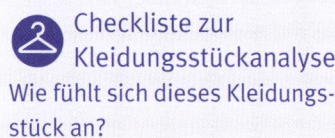

Checkliste zur Kleidungsstückanalyse
Wie fühlt sich dieses Kleidungsstück an?

→ Material/Stoff
  angenehm, unangenehm
→ Schnitt
  angenehm, unangenehm
→ Größe
  genau richtig
  etwas zu groß
  etwas zu eng, klein
→ Zustand
  sauber
  schmutzig
  alt
  neu
→ Energie
  positive Erinnerung
  negative Erinnerung
→ Insgesamt
  bequem
  unbequem

Genau wie bei allen anderen Aspekten kann die Wahrnehmung und dann eben auch das Aussehen immer weiter verfeinert werden. Viele Jahre habe ich gar nicht bemerkt, dass Kleidungsstücke, oder Teile davon, zu groß waren, schlackernde Ärmel, hängende Schultern fielen mir nicht weiter auf, wenn es grob passte. Inzwischen spüre ich die Passform bis ins Detail und habe auch gelernt, sie im Spiegel und vor allem auf Fotos sofort zu sehen. Wenn wir ein Kleidungsstück kaufen und uns erst mal darin bewegen, scheint es zu passen. Ich empfehle, manche Kleidungsstücke zu Hause, noch mit dem Kassenzettel dran, anzuprobieren und zu spüren, ob sie nicht doch kneifen oder zu weit sind.

Sensibilisierungsübung visuell:

Farbe
Muster
Größe
Stil
→ modern
→ altmodisch
→ auffallend
→ schlicht
→ elegant
→ sportlich
→ praktisch
→ weiblich
→ sexy
→ dem Alter entsprechend

Diese Liste ist in den Kriterien der Garderobenwächterin enthalten. Hier sind die Punkte hervorgehoben, die am ehesten ins Auge fallen.

Achtung! Radikales Loslassen, hektisches Aussortieren entspricht dem impulsiven Kaufen am anderen Ende des Spektrums unseres Kleiderverhaltens. Wir müssen uns die Zeit nehmen zu verstehen, warum wir ein Kleidungsstück aussortieren. Nur so werden zukünftige Fehlkäufe vermieden.

Loslassen auf emotionaler Ebene

Ich habe Kleider getragen, die zu eng waren, sodass sie schmerzten, zu groß waren, zu weit, zu lang. Kleider, die nicht gepasst haben, zu knallige und zu blasse Farben für mich, zu unruhige Muster, Kleider, die ausgeblichen, kaputt, befleckt waren und ausgedient hatten. Ich habe als Mittdreißigerin Kleidung getragen, die nicht zu meinem Alter passte und eher für kleine Mädchen oder Teenager angemessen wäre; Kleidung, die mich, meine Körperformen und Weiblichkeit versteckte, älter machte; Kleider, die nicht zum Anlass passten, und oftmals habe ich unterschwellig gefühlt, dass irgendetwas nicht stimmte. Dies ist keine Beichte, sondern eine notwendige und ehrliche Feststellung, um fortfahren zu können.

Und um das Ganze zu relativieren, mache ich mir bewusst, dass ich oft auch passende Kleidung getragen habe. Dies alles passiert, während wir mit den Stoffen und Schnitten der Welt experimentieren und dabei sind, uns sowie unser Gleichgewicht zwischen innen und außen, Spiritualität und Materie zu finden. Dabei studieren wir Kunst, Farben, Formen und Energien. Das ist ein komplexer Vorgang, der Zeit braucht.

Außerdem lassen wir uns von *fünf Ausreden* aufhalten, die hier noch einmal ganz klar zusammengefasst sind:

Geld ...

»Kein Geld für eine neue Garderobe, denn die kostet Tausende.« Stimmt, aber es geht auch Stück für Stück. Oder: »Ich habe so viel Geld dafür bezahlt.« Stimmt auch, aber jetzt wird weiter bezahlt mit Energie und Platz. »Ich kann nicht gut Geld für mich ausgeben, ich kaufe lieber etwas für meine Kinder.« Es ist Zeit, dies zu ändern. Hier helfen uns Logik und Verstand.

Keine Zeit ...

Was immer wir jetzt bewusst an Zeit investieren, bekommen wir hundertfach an Zeit und Energie zurück. Hier hilft uns ebenfalls die Logik.

Nicht so wichtig ...

»Es kommt sowieso mehr auf das Innere an.« Es geht hier ums Gleichgewicht. Menschen, die mehr im Außen und in der Materie verstrickt sind, sollten sich tatsäch-

lich mehr um ihr Innenleben kümmern, um das, was ihre Seele ihnen zuruft und ihr Herz sich wünscht. Menschen, die in Kontakt mit ihrer Seele und ihrem Herzen stehen, sollten diese wundervollen Beziehungen durch ihre Kleider ausdrücken, anstatt sie herunterzuspielen. Hier geht es darum, Prioritäten zu erkennen.

Geht schon ...

An dieser Stelle müssen wir den Mantel der Bequemlichkeit ausziehen. Es ist niemandem geholfen, wenn wir uns mit weniger als der Entfaltung unseres Potenzials auf allen Ebenen zufriedengeben.

Mein Körper stimmt nicht ...

»Ich bin zu dick, es ist schwierig, für den Körper passende Kleidung zu finden, ich muss erst abnehmen.« Hier hilft nur die absolute Annahme und Dankbarkeit für den eigenen Körper, genau so, wie er jetzt gerade ist.

Es geht also wirklich nur darum, eine Sache loszulassen: die frustrierende Gewohnheit des Zögerns und die damit verbundene Angst, sich selbst in seiner vollen Kraft und individuellen Ausstrahlung zu erleben.
Ich kann Sie nicht motivieren, diese Gewohnheit loszulassen, denn Motivation kommt von innen. Doch kann ich Sie inspirieren und hoffe, dass sich meine Begeisterung auf Sie überträgt. Es ist möglich, sich frei, schön und stimmig mit seinen

Kleidern zu fühlen und dabei attraktiv auszusehen, und dieser Prozess setzt Energie frei. Mit dieser freigesetzten Energie, mit mehr Geld, Platz, Zeit und Selbstvertrauen können Sie ein dankbareres Leben führen und Ihre Lebensaufgabe besser erfüllen mittels innerer und äußerer Stärke.

Manchmal juble ich vor Freude über all die Kleidererkenntnisse und spüre sie durch meinen Körper pulsieren. Und oft stöhne ich entsetzt, bedauernd, wütend und enttäuscht darüber, dass es erst jetzt »geklickt« hat.

Beginnen Sie mit einem Kleidungsstück und dann eins nach dem anderen, ganz bewusst in Ihrem Rhythmus, und spüren Sie, was das mit Ihnen macht. Es wird sich eine Eigendynamik entwickeln und das Leben wird Sie von allen Seiten unterstützen.

Achtung! Eine übliche Aufbewahrungsausrede ist: »Die Mode kommt wieder. Sie wiederholt sich doch ständig.« Damit bleiben die Schränke gefüllt.

Mein Kleidertagebuch

Ein Kleidertagebuch ist besonders hilfreich beim Prozess des Loslassens. Sie können Ihre Gedanken und Beobachtungen ungehindert auf die leeren Seiten strömen lassen. Vielleicht macht es

Ihnen Spaß, die Geschichte eines Kleidungsstückes aus Ihrer Sicht oder aus der Sicht des Kleidungsstückes aufzuschreiben. Oder vielleicht sogar als Gedicht? Führen Sie einen Dialog mit sich selbst (siehe unten), um herauszufinden, warum es schwerfällt, ein bestimmtes Kleidungsstück loszulassen.

Beispiele für solch einen Kleiderdialog:

Das schwarze Kleid

Stimme 1: Ich könnte es vielleicht noch mal zu Halloween anziehen. Ich habe es seit drei Jahren nicht getragen. Schwarz kann man jedoch immer gebrauchen.

Stimme 2: Warum würdest du dieses Kleid anziehen, wenn du zwei andere schwarze Kleider hast, die viel besser aussehen?

Stimme 1: Es fühlt sich gut an.

Stimme 2: Es ist zu groß und schwer für dich.

Stimme 1: Es gab da ein Foto von meiner Familie und mir in dem Kleid und da sah ich gut aus. (AHA! Erinnerungsstück!)

Stimme 2: Kannst du dir vorstellen, dass du in einem anderen Kleid noch besser ausgesehen hättest?

Stimme 1: Na ja, mein Gesicht und meine Haare waren schön beleuchtet und strahlten, vielleicht war es gar nicht unbedingt das Kleid. (AHA! Eine Vermischung hat stattgefunden: Es war nicht das Kleid, sondern das Gesicht und die Haare.)

Fehlkäufe in Lernkäufe umwandeln

Der wichtigste Punkt der Kleiderdiät zum regelmäßigen Aussortieren der Kleider ist, dass wir uns bei jedem Stück, das uns verlässt, kurz fragen, was an ihm nicht stimmt. Wenn wir lernen und begreifen, was uns steht und was nicht, dann ist die Wahrscheinlichkeit größer, dass wir nicht wieder die gleichen Fehler machen. Dazu brauchen wir die Kriterien der Garderobenwächterin. Es passiert allzu leicht, dass wir wieder ein Kleidungsstück kaufen, weil uns ein Aspekt gefällt, der Stoff, Stil oder Farbe, die anderen Punkte aber nicht erfüllt werden. Ich bin auch immer noch oft am Seufzen, wenn ich eine tolle Jacke in einer meiner Farben sehe, aus schönem Stoff, günstig, gute Qualität, aber nicht im richtigen Schnitt, zu unförmiger Kragen, große aufgesetzte Taschen, also schwierig zu ändern. Doch atme ich in solchen Momenten ein und aus, lerne und gehe weiter, bis ich die für mich ideale Jacke in der Hand halte.

Das Habenwollen

Oft passiert es, dass einem ein Kleidungsstück ins Auge springt, man es unbedingt haben muss und zu Hause stellt man fest, dass es gar nicht passt. Wie das Verhalten unserer Kinder, mit denen wir schimpfen, wenn sie neues Spielzeug möchten, das dann in der Ecke liegt.

Was steckt dahinter? Sich etwas zu gönnen? Sich zu füllen? Frustration zu befriedigen?

Es geht darum, erwachsen zu werden. Fragen Sie sich: Brauche ich das wirklich? Lasse ich mich vielleicht von etwas ablenken? Welches Bedürfnis steckt dahinter? Wie kann ich dieses Bedürfnis auch anders erfüllen?

Erinnerungen

Das T-Shirt aus New York, der Schal von der verstorbenen Freundin und das Kleid, in dem der erste Kuss der großen Liebe erlebt wurde. Was tun?

Glauben Sie, dass Sie Ihre Reise nach New York, Ihre beste Freundin oder den romantischen Abend zu zweit vergessen würden, wenn Sie diese Kleidungsstücke weitergeben oder entsorgen?

 Hier sind ein paar Loslassideen:

→ Nehmen Sie das Kleidungsstück an Ihr Herz und atmen Sie die Erinnerung tief ein, saugen Sie das ganz Besondere sozusagen aus dem Stoff heraus und nehmen Sie dieses mit Ihren Zellen auf.

→ Fotografieren Sie das Kleidungsstück, wenn Sie nicht schon ein Foto davon haben. Fotos nehmen sehr viel weniger Platz ein.

→ Schreiben Sie über das Kleidungsstück in Ihrem Kleidertagebuch.
→ Treffen Sie sich mit einer Freundin und erzählen Sie ihr, was Ihnen dieses Kleidungsstück bedeutet hat.

Kleiderdiät-Teilnehmerinnen haben zudem verschiedene Strategien entwickelt, die das Loslassen von Kleidern erleichtern:

Die Jahresregel

Wenn man ein Kleidungsstück ein Jahr lang nicht angehabt hat, wird es aussortiert. Ausnahme: Kleider für besondere Anlässe (Beispiel: Abendkleid, Anzug, Kostüm).
Dazu kann man erst mal Kleider aussortieren, sammeln und dann in einem Koffer auf dem Speicher oder im Keller abstellen. Daraufhin macht man sich eine Notiz im Kalender und wenn man die Kleider ein Jahr lang nicht vermisst, können sie weggegeben werden.

Der umgekehrte Bügel

Von all den Kleidern, die Sie selten tragen oder bei denen Sie sich nicht sicher sind, drehen Sie den Bügel verkehrt herum. Wenn Sie eines dieser Kleider tragen, drehen Sie den Bügel wieder richtig herum. Dann schauen Sie nach einem halben Jahr, welche Bügel immer noch verkehrt herum hängen.

Der sofortige Austausch

Wenn ein neues Kleidungsstück erworben wird, wird sofort ein entsprechendes losgelassen. Also, ein neues T-Shirt ersetzt sofort ein älteres, ausgedientes. Das gilt nicht, wenn das neue Kleidungsstück eine Ergänzung darstellt, also etwas, was man noch nicht oder nicht mehr hat, weil man bereits aussortiert hat.

Trauern

Das Trauern gehört ebenso zum Leben wie das Feiern. Wenn Ihnen das Loslassen schwerfällt, erlauben Sie sich, Ihren scheidenden Kleider nachzutrauern.

Dankbarkeit

Vielleicht erleichtert Dankbarkeit Ihnen das Loslassen. Danken Sie den Baumwollbäumen, dem Erfinder des Polyesters, den Seidenraupen, den Tieren, den Menschen, die dieses Kleidungsstück hergestellt haben, den Menschen, die Ihnen Kleider geschenkt haben, mit Ihnen das Leben in diesen Kleidern geteilt haben, und sich selbst für das Auswählen, Nutzen, Tragen dieses Kleidungsstücks.

Kleider für die nächste Generation

Was vom Loslassprozess ausgespart werden kann, sind ein paar ganz besondere Kleider, die wir aufbewahren. Ich habe für meine Tochter ein Kleid aus meiner Schwangerschaft mit ihr und drei von ihren ersten Babyoutfits aufgehoben. Sie selbst hat aus ihrer Kinderzeit zwei T-Shirts für ihre Kinder beiseite gelegt. Dieser Akt hat etwas Magisches und ist in Harmonie mit dem bewussten Umgang mit Kleidern. Ich selbst habe es als Kind geliebt, auf dem Dachboden meiner Großeltern zu stöbern und ihre Kleider zu begutachten und anzuprobieren. Also bewahre ich ein paar Stücke auf. Die gehören dann zu den 20 %, die nicht regelmäßig in Gebrauch sind.

Komplimente

Komplimente entstehen im zwischenmenschlichen Austausch von positiven Bemerkungen hinsichtlich unserer Erscheinung und Ausstrahlung. Empfangene Komplimente, wenn auch nur zu einem Anlass von einer Person, sind für viele Frauen der Hauptgrund, warum sie ein Kleidungsstück nicht loslassen wollen. Hier ist meine bewährte Kompliment-Formel:

1. Komplimente einatmen

Wenn Sie ein Kompliment erhalten, nehmen Sie es bewusst an, atmen Sie ein und bedanken Sie sich. Widerstehen Sie der Versuchung, es herunterzuspielen, sich zu erklären oder womöglich der Person zu sagen, wo sie ein bestimmtes Kleidungsstück gekauft haben und für welchen Preis. Ich weiß, dass es ein freundschaftliches Mitteilen sein kann, aber wenn die Person das wissen möchte, wird sie fragen. Nehmen Sie das Kompliment als Geschenk an, als eine Form von Energie, die von einem Menschen kommt, der Sie würdigen möchte.

2. Komplimente analysieren

Analysieren Sie, welchen inhaltlichen Wert dieses Kompliment für Sie hat.
Wem oder was galt dieses Kompliment genau?

→ Komplimente bezüglich bestimmter Kleidungsstücke und Farben.

Ich bekam jahrelang Komplimente für meine ausgefallenen Hosen. Es waren Komplimente für die Hosen. Die idealen Komplimente sind nicht auf ein bestimmtes Kleidungsstück spezifiziert. »Die Bluse« ist ja traumhaft, sagt erstmal nur aus, dass der Komplimentverteiler die Bluse traumhaft findet, vielleicht eine solche gern hätte oder ausprobieren möchte. Bei dieser Variante ist es verständlich, wenn wir mit der Auskunft reagieren wollen, wo wir die Bluse gekauft haben.

»Ich mag den Rock an dir« ist auch kein verlässliches Feedback. Der Rock kann zu mädchenhaft oder zu auffällig

sein und der Komplimentgeber möchte eigentlich nur was Nettes sagen oder den Mut, ein so auffälliges Stück zu tragen, anerkennen oder vielleicht mag er den Rock überhaupt nicht, weiß vor Schreck und Schock nicht, was er sagen soll, und flüchtet sich in ein »falsches« Kompliment.
→ Komplimente, die Ihren Geschmack anerkennen und loben
→ »Sie haben aber eine schöne Handtasche.«
→ Komplimente, die Ihren Mut zu Farbe, sich schöner als sonst oder als der Durchschnittsbürger anzuziehen, zum Anderssein oder gar zum Lustigsein bestätigen.
→ Komplimente, die Ihre gesamte Erscheinung mit einbeziehen. »Du siehst schön aus in Rosa.« – »Du strahlst heute.« Das sind die besten Komplimente, sie sind für alle Anwesenden energetisch fühlbar.

3. Komplimente bewusster verteilen
Komplimente haben großen Einfluss. Schauen Sie sich eine Woche lang an, wann und wem Sie Komplimente machen. Versuchen Sie dann als Übung – zuerst einmal im Geiste –, auch fremden Menschen gezielte und spezifische Komplimente zu machen. Erstellen Sie eine Liste von nicht kleiderspezifischen Komplimenten, die Sie anwenden können, wenn die Kleidung Sie nicht zu einem Kompliment inspiriert. Zum Beispiel:

»Ich freue mich, dich wiederzusehen.« – »Unser Treffen ist wirklich das Highlight/der Höhepunkt meiner Woche.«

VORSICHT! Wir können uns in unserer Farb- und Stilfindung nicht nur auf die Komplimente anderer verlassen. Erhaltene Komplimente tragen oft dazu bei, dass wir an Kleidern festhalten, die uns gar nicht entsprechen. Wenn die Garderobe durchforstet wird, höre ich immer wieder: »Ich bekomme viele Komplimente, wenn ich dieses Teil anhabe.« Manchmal ergibt das Sinn und manchmal überhaupt nicht.
Ein Kompliment von einem Menschen hinsichtlich eines Outfits bestätigt dieses nicht. Es ist wichtig, dass wir nicht aufgrund von Unsicherheit unseren Sinn für persönlichen Stil dem Urteil anderer unterordnen. Doch dazu müssen wir unseren Stil kennen. Umgekehrt gilt das Gleiche. Wenn wir von einem Menschen hinsichtlich einer Sache kritisiert werden, sollte dies ebenfalls hinterfragt werden.

Garderoben-Management

für den Alltag und besondere Anlässe

Die Mathematik der Kleider: Unendlich viele Kombinationen – weniger ist mehr!

25 kurzärmelige T-Shirts
11 langärmelige T-Shirts
15 kurzärmelige Blusen
16 langärmelige Blusen
12 Baumwollpullis
2 Sweatshirts
2 Strickjacken
3 Blazer
12 lange Hosen
3 lange Röcke

Nehmen wir an, dass Sie sieben (für jeden Wochentag) verschiedene Oberteile haben und sieben verschiedene Unterteile. Wenn alle diese Ober- und Unterteile miteinander kombinierbar wären, dann hätten wir 7 x 7 = 49 Outfits. Also könnten wir uns sieben Wochen lang, was Ober- und Unterbekleidung betrifft – von verschiedenen Jacken, Schuhen und Schmuck ganz zu schweigen –, unterschiedlich anziehen.

Wenn Sie meinen, dass Ihnen das reichen würde, um Ihr Bedürfnis nach Variation zu erfüllen, und auch praktische Überlegungen, wie das Reinigen der Wäsche mit einbezogen werden, dann ist die Sieben eine geeignete Ausgangszahl, um Ihre Garderobe zu managen. Ansonsten reduzieren oder vergrößern Sie diese Basiszahl.

Eine kleine Rechenübung:

Unserer Kleiderdiät-Teilnehmerin Marianne bleibt nach der ersten Aussortierphase folgender Bestand in den Kategorien T-Shirts, Blusen, Pullover, Jacken, lange Hosen und Röcke.

Nun gehen wir hypothetisch davon aus, dass alle Ober- und Unterteile miteinander kombinierbar sind. Wie viele Kombinationsmöglichkeiten hat Marianne?
Wir haben drei Rubriken von Kleidung: oben eins (67 T-Shirts, Blusen), oben zwei (19 Pullover/Strickjacken/Blazer), unten drei (15 Hosen/Röcke).
Wir rechnen also 67 x 19 x 15 = 19.095
Wenn wir jetzt noch drei verschiedene Paar Schuhe (Pumps, Halbschuhe, Stiefel) dazu nehmen und drei verschiedene Accessoires, erhalten wir folgendes Ergebnis: 171.855
Bei einer reduzierten Garderobe von sieben Tops, sieben Pullovern und vier Hosen/Röcken haben wir 7 x 7 x 4 = 196 Kombinationsmöglichkeiten.
Veranschaulichen wir uns noch ein Beispiel rund um ein essenzielles Garderobenstück: die Jeans oder eine lange Hose (Cord/Stoff). Wenn wir zwei Paar Schuhe, fünf T-Shirts/Blusen, zwei Jacken und drei Accessoire-Optionen (Handtasche und/oder Halstuch) zu der Jeans hinzufügen,

haben wir 2 x 5 x 2 x 3 = 60 Kombinationen.

Beispiel für Farbkombinationen:

Verschiedene Farben kreieren mehr Kombinationsmöglichkeiten. Bei vier Farben (z.B. Blau, Grau, Rot, Pink), die wir in zwei Kleidungsstücken (oben und unten) kombinieren, haben wir zehn Möglichkeiten, ganz neu und anders zu wirken:

$4 + 3 + 2 + 1 = 10$

Blau-Blau	Blau-Grau
Blau-Rot	Blau-Pink
Grau-Grau	Grau-Rot
Grau-Pink	Rot-Rot
Rot-Pink	Pink-Pink

Mit jeder Farbe entstehen mehrere zusätzliche Kombinationen. Bei fünf Farben, auf die wir uns in unserer Traumgarderobe konzentrieren, haben wir dann gleich $5+4+3+2+1=15$ Varianten, die wir ausprobieren können.

Blau-Blau	Blau-Grau
Blau-Rot	Blau-Pink
Blau-Weiß	Grau-Grau
Grau-Rot	Grau-Pink
Grau-Weiß	Rot-Rot
Rot-Pink	Rot-Weiß
Pink-Pink	Pink-Weiß
Weiß-Weiß	

Die Zahlen sprechen für sich. Sie weisen darauf hin, dass es in unseren Kleiderschränken unendlich viel Raum für verschiedene Kombinationen gibt.

Wir realisieren Aussortiermöglichkeiten durch das Kriterium *Kombinierbarkeit* (jedes Kleidungsstück muss mit drei anderen kombinierbar sein), anhand einer Eingrenzung und Verfeinerung unserer Farbpalette und unseres Stils.

Weniger ist mehr, da wir bei zu vielen Kleidern den Wald vor lauter Bäumen nicht mehr sehen können. Wenn der Inhalt unseres Kleiderschranks nach mehreren Aussortierrunden reduziert ist, öffnen sich die inneren, vorher durch Platzmangel verschlossenen Türen zu den schönsten Kombinationen. Das Erleben dieses Phänomens ist energetisierend, fühlt sich neu und kreativ an und ist der absolute Wendepunkt. Wir erleben, dass wir genug haben, dass Fülle in unserem Kleiderschrank ist (und, metaphorisch gesprochen, in uns), dass wir nicht im Außen suchen müssen. Wir haben nicht zu wenig, nicht zu viel, es ist genau richtig. Unsere Organisationsarbeit ermöglicht die Freisetzung von Flexibilität, hier durch Fähigkeit des Kombinierens ausgedrückt.

Die Kleider der vier Jahreszeiten

Wir brauchen für den Frühling, Sommer, Herbst und Winter unterschiedliche Bekleidung.

Das heißt nicht, dass wir vier komplett getrennte Garderoben haben, denn wir können viele Kleidungsstücke (T-Shirts, Blusen, leichte Pullover und Strickjacken,

Jeans und Cordhosen, Kleidung für besondere Anlässe) in allen vier Jahreszeiten tragen und die Strategie der verschiedenen Schichten anwenden.

Die Energie der Jahreszeiten hat einen starken Einfluss auf unsere Kleiderwahl, vor allem auf Farben. Die Frühlingsenergie, der Beginn des neuen Zyklus in der Natur, bewirkt, dass wir uns selbst wie der Frühling anziehen möchten, wie die ersten Blümchen und das saftige Grün, das wir lange vermisst haben – bunt, neu und frisch soll es sein.

Im Sommer möchten wir entspannen, in bequemer, heller Freizeitkleidung. Leicht, luftig, sonnig wünschen wir uns unser Leben und unsere Kleider.

Wenn der Herbst kommt, versuchen wir, den kräftigen Farben der Ernte und des Laubes mit intensiven, reichen Farbtönen unserer Kleider zu entsprechen.

Den Winter imitieren wir durch klare Kontraste, bunte Winterjacken und Regenmäntel und durch insgesamt praktischere, dunklere Kleidung.

So ist es und so bleibt es und so kann es insgesamt und allgemein richtig sein.

Was die Kleiderdiät empfiehlt, ist, sich des Einflusses der Jahreszeiten bewusst zu sein und zu schauen, wie wir am besten mit ihm umgehen. Die Kleiderindustrie antwortet auf unser tiefes Bedürfnis, mit der Natur in Harmonie zu leben, mit frischen neuen Frühlingsfarben, positiven Sommerideen, leuchtenden Herbstmoden und tröstenden und eleganten

Winterkleidern. Gerade dafür brauchen wir unsere Garderobenwächterin, denn die neuen Farben lösen neue Schwingungen aus, die farbtherapeutisch sein können, uns aber eventuell nicht stehen. Wenn jedoch neue Farben oder Schnitte und Stoffe von unserer Palette von der Industrie hergestellt werden, dann greifen wir natürlich zu und füllen unsere Garderobe auf, denn das ist nicht unbedingt jedes Jahr der Fall.

Wenn eine Farbe *in* ist, zum Beispiel: »Diesen Sommer ist Weiß der letzte Schrei«, und wir im Strom mitschwimmen möchten, dann wählen wir *unser* Weiß. Denn wir wissen, dass es mehr als 200 verschiedene Weißtöne gibt. Genauso können wir die entsprechende Jahreszeitenenergie auch wunderbar durch Muster und Stoffe ausdrücken.

Das Pareto-Prinzip: Die 80/20-Regel

Dieses Prinzip wurde vorn schon erläutert (siehe Seite 8). Es basiert auf Vilfredo Pareto (1848–1923), einem italienischen Wirtschaftswissenschaftler. In bestimmten wirtschaftlichen Situationen werden 80 % des Wertes durch 20 % Einsatz erzielt, also 80 % des Profits einer Firma werden von 20 % der Angestellten erwirtschaftet. Auf unseren Alltag übertragen produzieren 20 % unserer Tagesaktivitäten 80 % der erwünschten Resultate. Von daher empfiehlt es sich zum Beispiel bei Zeitdruck, sich auf die wichtigsten 20 % zu konzentrieren.

Auf unsere Kleiderdiät bezogen heißt es, dass wir erreichen wollen, dass in unserem Kleiderschrank 80 % der Kleidung getragen wird und nur 20 % für besondere Anlässe etc. sind.

Die Organisation unserer Garderobe

Unser bereits vorhandener Bestand ist das Rückgrat unserer Garderobenorganisation. Es hilft uns dabei, zu realisieren und zu erkennen, wie viel Kleidung wir haben, und unsere Wunschliste (die wir im nächsten Kapitel kreieren) zeigt, was wir zur Ergänzung brauchen. Es ist empfehlenswert, bei jedem Loslassen und Neuerwerb den Kleiderbestand auf dem neuesten Stand zu halten. Dieser Dokumentationsakt verstärkt die energetische Bewegung in Ihrer Garderobe und damit in Ihrem Leben.

Zusätzlich können Sie mithilfe dieser Bestandsaufnahme ausrechnen und visuell darstellen, wie sich Ihre Kleidung prozentual hinsichtlich Farbe, Material, Kategorie, Kosten zusammensetzt. Dies hilft bei der Organisation und Planung der Garderobe.

 Beispiel: Erfassung der Anteile von geschenkten und Secondhandteilen

230 Garderobenteile	
48 Unterwäsche/Socken/Strümpfe	
16 Schmuckstücke	2 geschenkt
22 Paar Schuhe	
6 Gürtel	5 geschenkt
18 Schals, Hüte, Handschuhe, Regenschirm	2 geschenkt
18 Handtaschen, Koffer, Rucksäcke etc.	2 secondhand
5 Strandkleidung	1 geschenkt
2 Anzüge	
8 Kleider	2 geschenkt, 1 secondhand
1 Faschingskostüm	
8 Blusen	4 geschenkt
21 lang- und kurzärmelige T-Shirts	2 secondhand
18 Jacken	8 geschenkt, 2 secondhand
6 Mäntel	2 geschenkt, 1 secondhand
5 Röcke	4 geschenkt
15 Hosen	8 geschenkt

38 Teile, also ungefähr 1/6 dieser Garderobe, wurden neu oder secondhand geschenkt bekommen. Wenn man den großen Garderobenanteil der Unterwäsche nicht mitrechnet, entspricht der

geschenkte Anteil ungefähr 1/5. Acht Teile wurden secondhand gekauft, also etwa 0,3 %.

Die vier grundsätzlichen Organisationsprinzipien einer Garderobe:
→ Jahreszeit
→ Farbe
→ Kategorie
→ 80/20

Unsere Lebensumstände (Wetter, Beruf, Hobbys) und Bedürfnisse (Sicherheit, Freiheit, Ordnung, Auswahl, Einfachheit) bestimmen den Umfang unserer Garderobe.
Um tägliche Effizienz zu gewährleisten, sortieren wir die Garderobe zunächst in eindeutige Sommer- und Winterkleidung und verräumen diese eventuell an einen anderen Aufbewahrungsort.
Kleiderdiät-Teilnehmerinnen haben unterschiedliche Präferenzen, was die Organisation der nächsten beiden Punkte betrifft. Einige organisieren nach Farbe, und andere, ich vermute die meisten, organisieren nach Kategorie. Das Organisieren nach Kategorie hat den Vorteil, dass es platzsparender und übersichtlicher ist und wir wirklich sehen, wie viel wir von allem haben. Die Organisation nach Farbe empfinde ich als schöner, und es hilft mir bei der morgendlichen Entscheidung, meine Farbe des Tages zu wählen, außerdem erleichtert es das Kombinieren von Farben.

Die 80/20-Regel bewirkt in Ihrem Kleiderschrank, dass Sie die 20 %, die Sie nur zu besonderen Anlässen anziehen, in die schwerer erreichbaren Ecken Ihres Schrankes oder eines Faches legen.

Fotos von unseren verschiedenen Lieblingskombinationen könnten auf eine Posterpappe/Bord und in die Schranktür geklebt werden. Bei all den Möglichkeiten vergessen wir sie dann nicht so leicht.

 Der Kleiderschrankkristall

Lavendelsäckchen oder andere Duftnoten im Schrank sind wundervolle Kleiderschrankreiniger. Eine weitere Möglichkeit ist die Platzierung eines Kristalls oder Edelsteins, der die ehrwürdige Aufgabe aufgetragen bekommt, Ihre Garderobe energetisch zu reinigen. Suchen Sie nach einem besonderen Stein oder lassen Sie sich von ihm finden. Es muss auch nicht jahrelang der gleiche Stein sein. Verschaffen Sie Ihren Heilsteinen ab und zu Beweglichkeit!
Anstatt sich morgens zu fragen: »Was soll ich heute anziehen?«, versuchen Sie es erst mal mit: »Was möchte ich heute anziehen?« Und dann mit einem veränderten Fokus: »Wie will ich heute aussehen?«

»Pack die Badehose ein, in ein kleines Köfferlein«:

Eine Kleiderdiät-Teilnehmerin spricht vielen aus der Seele:
»Immer wenn ich in den Urlaub fahre, frage ich mich: Was nehme ich mit? Der Koffer wird immer voller und nach dem Urlaub stelle ich fest, dass ich höchstens die Hälfte getragen habe (und zwar nicht aus Wettergründen). Ich habe immer wieder meine Lieblingsstücke getragen. Warum nehme ich überhaupt Kleidung mit, die keine Lieblingskleidung ist?«

Nach vielen Jahren, in denen ich auf zahlreichen Reisen Zeit und Energie mit Suchen verschwendet habe, schwor ich mir, die Kunst des Reisens zu erlernen. Der erste Schritt war das Erwerben von durchsichtigen Taschen, in die man die Reisekleidung nach Farbe, Tag oder Anlass vorsortieren kann. Auch Unterwäsche, Socken und Accessoires bekamen somit ihr eigenes Fach im Koffer. Neue, moderne Koffer haben verschiedene, sogar verstellbare Fächer und das erleichtert die Organisation. Doch ziehe ich die separaten Taschen vor, denn diese können mit einem Handgriff aus dem Koffer herausgenommen werden und dann zum Beispiel für eine Übernachtung während einer Reise ins Handgepäck verstaut werden. Es gibt auch die Situation, in der man bei Verwandten oder Freunden übernachtet, und wenn

man dort mit Kind und Kegel und mehreren Koffern anrückt, ist es oft praktisch, die Koffer in der Garage oder, in einem mehrstöckigen Haus, im Untergeschoss zu lassen und nur seine Tasche mit dem nächsten Outfit und den Kulturbeutel plus Nachtbekleidung mitzunehmen. Wenn jedes Teil beim Reisen ein vorübergehendes Zuhause hat, finden wir es leichter.
Folgende Tipps verhelfen Ihnen zu einer übersichtlichen Reisegarderobe für alle Lebenslagen:

Kombinierbarkeit maximieren
Die Kombinierbarkeit nimmt mit der Anwendung der Kleiderdiätprinzipien automatisch zu. Ein Beispiel: Für eine Reisewoche: zwei Hosen, einen Rock oder ein Paar Shorts, sieben Oberteile, einen Pullover/Strickjacke oder Jacke/Mantel – damit sind wir bei mindestens 3 x 7 x 2 = 42 Kombinationsmöglichkeiten, aus denen wir unsere bevorzugten auswählen –, zwei bis drei Paar Schuhe je nach Aktivitäten und Klima. Dazu Accessoires und Schmuck (zwei bis drei Halsketten, Armreifen, Ringe je nach Präferenz) und ein bis zwei Halstücher zum Variieren. Der Druck, jeden Tag etwas anderes anziehen zu müssen, fällt im Urlaub weg und wir können häufiger die gleichen Kleidungsstücke tragen.

Funktionalität verdoppeln und verdreifachen

→ Das Strandtuch (Sarong) als Schal, Rock und Kleid, zu Hause als Deko einsetzen.

→ Bikiniunterteile in Unterhosen umfunktionieren.

→ Hose kürzer, hochgerüscht, -gebunden oder -gefaltet am Tag tragen, abends lang zu Schuhen mit Absatz.

Beim Fliegen

→ Die schwersten Kleidungsstücke und Schuhe während des Fluges tragen.

→ »Zwiebellook« tragen, damit bleibt man flexibel in klimatisierten oder beheizten Räumen und trägt möglichst viel am Körper.

→ Den liebsten und wertvollsten Schmuck am Körper tragen.

Im Urlaub kann man mal was anderes ausprobieren und erst mal spüren, wie man sich in bestimmten Outfits fühlt. »Weil mich keiner kennt, bin ich im Urlaub frei von Kleiderzwängen und kann experimentieren oder jeden Tag meine Lieblingssachen tragen.« Im Urlaub geht das Manifestieren unserer Kleiderwünsche weiter. Eine gute Gelegenheit, andere Kleiderquellen aufzuspüren.

Kleiderbudget

Wenn Sie nicht wissen, wie viel Sie für Kleidung ausgeben, ist es ratsam anzufangen, die Beträge zu notieren. Wenn Sie schon dabei sind, aufzuschreiben, wie viel Geld Sie pro Jahr, pro Monat für Bekleidung ausgeben, können Sie gleich mit der Budgetplanung weitermachen.

Versuchen Sie zunächst im Nachhinein zu erfassen, wie viel Geld Sie im letzten Jahr oder seit Anfang des Jahres für Kleider ausgegeben haben. Dann erstellen Sie sich entweder eine Liste oder fügen die Spalte *Kleidung* in Ihre bestehende Buchhaltung ein.

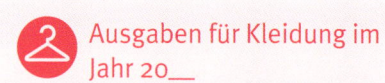

Ausgaben für Kleidung im Jahr 20__

Januar	Februar
März	April
Mai	Juni
Juli	August
September	Oktober
November	Dezember

Wie viel Geld geben Sie also durchschnittlich für Kleidung aus?

Welchem prozentualen Anteil Ihres Einkommens entspricht diese Summe?

Beispiel: Petra verdient 2.000 Euro netto im Monat und hat im Jahr 2008 1.200 Euro für Kleidung ausgegeben.

Das sind 100 Euro pro Monat, also 5 % ihres Nettoeinkommens.

Budgetplanung

5 % ist eine realistische Empfehlung, an der Sie sich orientieren können. Die prozentuale Erfassung unserer Kleiderausgaben muss natürlich mit unseren anderen Ausgaben, die individuell unterschiedlich sind, in Relation gesetzt werden.

Für die Kleiderbudgetplanung empfehle ich, für die nächsten zwölf Monate eine Summe, die weniger oder bis zu 5 % Ihres Jahreseinkommens entspricht, einzuplanen.

Europäer geben 7 % ihres Einkommens für Kleidung und Kleiderpflege aus. Die amerikanische Durchschnittsfamilie 11 %. Im zweiten Jahr (2008) meiner Kleiderdiät habe ich weiter aussortiert und angefangen, zu ergänzen und dafür 1.000 Euro für Kleidung inklusive einer neuen Brille ausgegeben. Meine durchschnittlichen Ausgaben lagen von daher noch um einiges unter 5 %. Und ich habe immer noch mehr als genug und unendlich viele Kombinationen!

Es ist empfehlenswert, sich aufzuschreiben, was genau man pro Jahr erwirbt. Nur ein bisschen Energie in den Dokumentationsprozess und in die Aufrechterhaltung des Bestands gesteckt, erspart auf Dauer Zeit und Geld.

Setzen Sie eine Summe für die folgenden zwölf Monate fest, die Sie in die Verbesserung Ihrer Garderobe investieren kön-nen und wollen. Ausgaben für professionellen Rat und Begleitung, für Bücher, Organisationshilfen gehören ebenfalls in dieses Budget.

Mit Geschicklichkeit, Entschlossenheit und kreativen Ideen ist es möglich, die Transformation hin zu einer für Sie optimalen Garderobe auch ohne viel Geld zu erreichen. Tauschgeschäfte aller Art und Nähkünste sind dafür allerdings notwendig.

Mit Venus shoppen gehen

Kleider »anziehen«

→ Was wir uns vorstellen können, existiert oder ist im Prozess des Entstehens.
→ Was wir im Geiste visualisieren, ist auf dem Weg, im Außen sichtbar zu werden, sich also zu manifestieren.
→ Je klarer wir ausdrücken, was wir uns wünschen, desto genauer wird der Wunsch erfüllt.

Sich selbst klarzumachen und dann dem Universum zu verkünden, was man sich wünscht, erhöht die Wahrscheinlichkeit des Eintreffens enorm. Unsere Gedanken sind Schwingungen und können sich auch in Form von Kleidern manifestieren.

Wenn wir unsere Vorstellungen loslassen, wie genau wir ein Kleidungsstück erwerben, öffnen wir uns für unbegrenzte Möglichkeiten.

Kleider kommen nicht nur aus dem Laden, sie können tatsächlich vom Himmel fallen. Oder bezweifeln Sie, dass Ihnen eine wildfremde Person aus einem fahrenden Auto einen Seidenschal in Ihrer Lieblingsfarbe zuwerfen könnte? Möglich ist alles. Umsonst, aus unerwarteter Richtung. Das Wie ist nicht wichtig. Hauptsache, wir stehen mit offenen Armen da und fangen es auf oder greifen im richtigen Moment zu.

Achten Sie mal darauf, was Sie in einem Monat alles umsonst bekommen, und schreiben Sie es auf. Vom 1-Euro-Stück, das auf der Straße liegt, bis zu den geschenkten Keksen, Gemüse, Ermäßigungen der Läden und überraschenden Einladungen.

Meine Wunschlisten

Fertigen Sie sich gedanklich oder besser noch schriftlich eine Wunschliste an. Nehmen Sie dazu Ihre Bestandsliste zur Hilfe. Sie können zum Beispiel mit einem Farbstift in die Kategorien das hineinschreiben, was Sie noch brauchen. Ich persönlich ziehe es vor, eine separate, etwas ausführlichere Liste zu führen.

Wenn wir diese Liste angefertigt haben, lassen wir das Thema, das vor unserem inneren Auge visualisierte Kleidungsstück los. Wir haben den Bumerang in die Luft geworfen und irgendwie, irgendwann, irgendwo verwandelt er sich und kommt als erfüllter Wunsch zu uns zurück.

Vielleicht haben Sie auch Lust, sich Ihre Wünsche aus Zeitschriften auszuschneiden, selbst zu zeichnen und in Ihr Kleidertagebuch zu kleben oder irgendwo sichtbar aufzuhängen. Bilder können den verbalen Wunsch noch einmal hundertfach verstärken.

Der Unterschied zwischen der aktuellen und langfristigen Kleiderwunschliste liegt in der Dringlichkeit. Meine langfristige Kleiderwunschliste beinhaltet Kleidung und Schmuck, die nicht notwendig sind, eventuell etwas ersetzen sollen, aber eben schon im Hinterkopf präsent sind.

Meine aktuelle Kleiderwunschliste:

_____

_____

_____

_____

Beispiel
→ Morgenmantel und Nachthemd aus Baumwolle/Seide oder alternativen Materialien in meinen Rosa- oder Rottönen. (Mein Morgenmantel entspricht nicht meiner Farbpalette, ich habe nur ein Nachthemd, da ich nur ganz bestimmte trage.)

→ Stiefel, in meinem Braunton, mit Absatz, Waden bedeckt. (Meine braunen Stiefel können nur noch bei Regenwetter eingesetzt werden.)
→ Handtasche in Beige, mit Gold oder Silber, Braun. (Meine muss ersetzt werden.)
→ Dunkelblaue Jeans, die ich zu Schuhen mit Absatz tragen kann. (Besitze nur eine Jeans, die mit flachen Schuhen tragbar ist.)

Meine langfristige Kleiderwunschliste:

_____

_____

_____

_____

Beispiel
→ Badeanzug in Dunkelblau, Braun, in für mich akzeptablem Muster oder einfarbig.
→ Metallblaue Pumps.
→ Bluse für einen besonderen Anlass.
→ Sommerkleid.
→ Ein zweites Paar Sportschuhe.

Mit dem inneren Auge »scannen«

Wenn ich mich entscheide, einkaufen zu gehen, kläre ich vorab durch intuitives Spüren und geistiges Schauen, in welchen Läden es etwas für mich gibt. Diesen Prozess nenne ich *Scannen*. Mit meinem inneren Auge schaue ich vorab in die Läden hinein. Die Trefferquote ist beeindruckend. Die Effizienz, mit der ich Kleidung erwerbe, äußerst befriedigend. Wenn ich spontan unterwegs bin, gilt das Gleiche. Bevor ich einen Laden betrete, frage ich mein höheres Selbst, ist dort in diesem Laden etwas für mich, meine Tochter oder eine andere Person zu erwerben oder vielleicht zu lernen? Am Anfang bin ich trotzdem in den Laden gegangen, auch wenn die Antwort Nein lautete, nur um zu gucken, … aber das hätte ich mir sparen können.

Ich habe das Scanning entwickelt, weil mir endloses Suchen nach einem Kleidungsstück und häufiges Anprobieren keinen Spaß gemacht haben.

Wir alle haben einen Zugang zu unserer Intuition, wir müssen uns nur darauf besinnen, sie zu benutzen, und unser Leben wird leichter und müheloser fließen.

Die richtige Begleitung

Beim Shopping können sichtbare und unsichtbare Berater hilfreich sein. Sichtbare Begleiter sind Freundinnen, Bekannte oder professionelle Modeberater, die sich bereit erklären, mit uns und nur für uns einkaufen zu gehen. Vier Augen sehen mehr als zwei. Worauf geachtet werden muss, ist, dass die Begleitung nicht ihre persönliche Lieblingskleidung für uns wählt oder die Kleidung, in der sie uns gerne sehen würde, sondern objektiv dazu beiträgt, dass wir die Kleider und Kleiderkombinationen finden, die zu unseren Lieblingskleidern werden kön-

sönliches Interesse und können daher objektiver urteilen.

Am effektivsten ist es, wenn die Einkaufsbegleitung beim Aussuchen und Wechseln der Kleider hilft, vor allem, wenn man sich schon im Umkleideraum befindet. Die Einkaufsbegleitung konzentriert sich wirklich nur auf ihre Assistentenrolle. Diese Aufmerksamkeit zu geben und zu empfangen ist ein großes Geschenk.

Und die Garderobenwächterin ist auch immer dabei!

Visualisieren üben: Wozu passt es?

nen. Deshalb sind Verwandte oder Ehepartner oft nicht die besten Berater. Das liegt häufig an der unbewussten farbtherapeutischen Präferenz von Kleidern. Der Partner liebt zum Beispiel seine Frau in bestimmten Blautönen, weil diese ihn farbtherapeutisch beruhigen. Er macht ihr Komplimente, wenn er eigentlich sagen müsste, danke, dass du heute wieder Blau trägst, denn das beruhigt mein Nervensystem. Sie wiederum speichert das Kompliment ab als Tatsache, dass Blau gut an ihr aussieht. Es kann natürlich auch sein, dass das Blau wirklich gut an ihr aussieht, dann ist es ein glückliches Zusammentreffen.

Professionelle Modeberater und gute Freundinnen haben ein geringeres per-

Regelmäßig Fotos von uns in unserer Garderobe zu machen, hilft uns zu visualisieren, wie ein Kleidungsstück zu einem anderen passen könnte. Unsere Garderobe fotografisch festgehalten hilft unserem Gedächtnis.

Die Vorstellungskraft kann durch viele Übungen geschult werden.

Zum Beispiel stellen wir uns Gegenstände und Räume in unserem Alltag in anderen Farben, Formen und Größen vor.

Auch können wir uns in Wartepausen unsere Umgebung und diskret unsere Mitmenschen anschauen und diese geistig verwandeln.

Umtauschen

Die Beleuchtung in den Geschäften macht es oft schwierig, den Farbton zu erkennen. Wenn es nicht möglich ist, das Kleidungsstück mit an das Tageslicht zu nehmen, empfehle ich, von der Möglichkeit des Umtauschens Gebrauch zu machen.

Auch wenn wir ein Kleidungsstück mit einem anderen kombinieren möchten, und das eine nicht dabeihaben, ist es hilfreich, das andere erst mal mit nach Hause zu nehmen und auszuprobieren.

Nur eine Sache

Nehmen Sie sich ein Kleidungsstück oder Accessoire von Ihrer Wunschliste und fokussieren Sie sich darauf. Ob Sie einen neuen BH oder eine neue Jeans brauchen, Sie werden anprobieren müssen, schauen und fühlen, bis Sie das passende Teil gefunden haben. Wenn Ihnen beim Vorbeigehen ein anderes Kleidungsstück ins Auge springt, unbedingt checken, aber die Konzentration sollte nur auf einem Kleidungsstück liegen.

Die Ausnahme: Manchmal, allerdings ganz selten, sehen wir ein Kleidungsstück, von dem wir magisch angezogen sind. Auch dann nehmen wir unsere Garderobenwächterin und gehen erst mal durch unsere Checkliste, um zu verste-

hen, was uns an diesem Kleidungsstück so fasziniert und ob es in unsere Garderobe aufgenommen werden sollte. Nun gehen wir mal davon aus, dass gemäß unserer Absprache mit der Garderobenwächterin es sich nicht empfiehlt, dieses Kleidungsstück zu erwerben. Dennoch spüren wir den nicht erklärbaren Sog, obwohl es wirklich momentan keinen Sinn macht, dieses Kleidungsstück zu kaufen, es lässt uns einfach keine Ruhe. Meine Empfehlung ist dann, es mit diesem Bewusstsein, dass es einen noch nicht erkennbaren Sinn hat und dass es eine besondere, selten vorkommende Situation ist, zu erwerben. Immerhin folgt man seiner Intuition und beweist Vertrauen in einen größeren Zusammenhang. Vielleicht ist es schlicht und ergreifend Kleiderkarma: Dieses Kleidungsstück musste den Besitzer wechseln und irgendwie sind Sie in diesen Prozess involviert, um nicht zu sagen verstrickt und tragen zur Auflösung bei! Oder vielleicht braucht die Verkäuferin genau an diesem Tag diesen Verkauf, um nicht entlassen zu werden, oder vielleicht lernt man eine neue Freundin kennen, für die man dann ein passendes Weihnachtsgeschenk hat.

Perfekt – stimmig – finished Look

Es hat etwas Magisches, wenn für einen selbst alles stimmt.

Zu oft beenden wir etwas nicht, wir hören kurz vor der Vervollständigung auf. Denn in dem Moment passiert wirklich eine Veränderung: Wachstum und Veränderungen machen manchmal Angst. Doch ist es wie beim ersten Mal, als wir uns einen Ruck gaben und vom Sprungbrett ins Wasser gesprungen und stolz und strahlend wieder aufgetaucht sind.

Wenn wir für uns selbst ganz stimmig angezogen sind, gibt es keinen Zweifel und keine Unsicherheit. Wir befinden uns durch unsere Kleidung unterstützt im essenziellen und wahren »Sein«. Solange noch irgendetwas »zwickt«, befinden wir uns auf dem Weg. Wir halten kurz an, spüren und analysieren, was es ist, und gehen entspannt und ruhig ganz konkret mit der Bluse, die etwas zu kurz ist oder etwas von der ultimativen Farbnuance abweicht, weiter, denn die Bluse, die unserem Wesen entspricht, wartet am Wegrand schon auf uns.

9

Grün, grün, grün sind alle meine Kleider ...

Hip, grün, in:
Der neue Lebensstil

Wir befinden uns momentan in einer entspannten Modephase, denn der proklamierte Lebensstil ist umweltbewusst. Recycling ist nicht nur notwendig und normal geworden, sondern »in«. Man muss nicht mehr jeden Tag neue Outfits ins Büro anziehen. Selbst die Prominenten dürfen die gleichen Kleider mehrmals tragen und werden dafür nicht kritisiert. Wir wollen alle sparen und unsere Ressourcen bewusst einsetzen.

Nun sind doch einige wenige meiner Kleider zumindest metaphorisch in meiner Lieblingsfarbe Grün. Ich besitze Kleider aus biologischer Baumwolle, Bambus und Hanf, aber prozentual machen diese nur 0,5 % meiner Kleidung aus. Woran liegt das? Die ökologisch bewusst hergestellten Kleider sind manchmal teurer, wobei sie qualitativ hochwertiger nichtökologisch hergestellter Kleidung entsprechen. Sie sind weniger verbreitet, man muss weitere Wege gehen oder sie über Kataloge und das Internet bestellen, was Risiken birgt, und sie haben längst nicht die farbliche und stilistische Vielfalt erreicht, die wir gewohnt sind.

Doch verschicken die Naturversandhäuser wunderschöne Kataloge, die man gerne bei sich aufbewahren mag. Man kann sie zu jeder willkommenen Zeit zur Hand nehmen und eine neue Garderobe planen. Man findet in ihnen einige Kleidungsstücke, die in einer umfangreichen Farbpalette zu bestellen sind, und auch die Farbnuancen sind nicht durchgängig gleich im gesamten Katalog. Man kann die Kleidungsstücke in aller Ruhe zwei Wochen lang probieren und dann bei Nichtgefallen kostenlos zurücksenden.

> Es lohnt sich, Zeit und Geld in ökologische Mode zu investieren, denn wir profitieren im Bereich Qualität sowie persönlicher Gesundheit (vor allem Allergiker) und leisten unseren Beitrag für die Natur.

Der Vorgang des Einkaufens steht im Mittelpunkt und die Herstellung und Entsorgung wird bei konventionell hergestellter Kleidung versteckt gehalten, denn die Arbeitsbedingungen, Umweltbelastungen würden unsere Kaufbereitschaft einschränken. Wenn wir Kleidung günstig kaufen, haben wir zwar Geld gespart, aber auf Kosten anderer Menschen und der Umwelt. Wenn ich ein Baumwoll-T-Shirt, das in einem fernen Land hergestellt wurde, für fünf Euro erwerbe, muss ich mich doch fragen, wer die Baumwolle gepflückt, sie bearbeitet, wer die Herstellung, den Transport, die

Gehälter, die Lager- und Ladenmieten bezahlt hat und auch, wie viel Chemie und Energie für all diese Vorgänge benötigt wurde.

Umweltbewusste Kleiderhersteller beziehen uns mit ein und lassen uns wissen, von wem und auf welche Weise die Kleider hergestellt werden. Zu sehen, wo die Wolle herkommt, wirkt auf Seele und Geist beruhigend. Wir fühlen uns verbunden und eingebunden in das große Ganze.

Was glauben Sie, wie sich der globale Stoffkonsum zusammensetzt?

57 % des weltweiten Textilkonsums wird aus synthetischen Fasern hergestellt, 38 % aus Naturprodukten (hauptsächlich Baumwolle) und 5 % aus Naturfasern (Viskose, Modal, Tencel-Lyocell).

Das Recycling unserer aussortierten Kleidung ist ein wichtiger Schritt, doch die wahre Umweltbelastung entsteht bereits bei der Herstellung. Pro Mülltonne, die wir mit ausrangierten Kleidern füllen, kann es bis zu 70 Mülltonnen Herstellungsabfall gegeben haben. Den größten Beitrag zur Verminderung von Umweltbelastungen durch die Kleiderdiät, leistet das Zurückschrauben unseres Konsums. Wenn wir wirklich nur noch das kaufen, was wir brauchen und was die

10 Kriterien der Garderobenwächterin erfüllt, dann vermeiden wir Fehlkäufe.

Kleidertagebucheintrag

»Kürzlich sah ich eine Strickjacke in der von mir gesuchten Farbe, der Preis, die Größe, das Material stimmte. Doch war sie etwas gerippt und diese Textur ist nicht meine Lieblingstextur. Bis auf eines waren also alle Kriterien der Garderobenwächterin erfüllt. Mit einem Seufzer hängte ich sie zurück, doch dann erinnerte ich mich daran, dass ich durch diesen scheinbaren Verzicht nicht nur Geld gespart, Platz und Energie erhalten habe, sondern mich auch bewusst entschieden habe, nicht unnötig zu konsumieren.«

Recycling-Empfehlungen und Secondhandtipps

Flohmärkte sind nach wie vor die bekannteste und beliebteste Art, sich günstige Secondhand-Kleidung zu besorgen. Auch gibt es in einigen Städten der deutschsprachigen Länder Tauschbörsen, bei denen Kleider und Haushaltsobjekte für wenig Geld oder gegen Tauschcoupons erworben werden können.

In meinem Bekanntenkreis gibt es auch Variationen des kostenlosen Kleidererwerbs. Eine Freundin berichtete von einem Café, wo unter einem speziellen Vordach Menschen ihre Kleider, vor allem Kinderkleidung und -bedarf, hinbringen, hinhängen und sich im Gegenzug bedienen. Nahezu neue Autokindersitze und schöne Einzelstücke warten dort auf ihre zukünftigen Besitzer. Die Dinge sind umsonst, aber es entsteht aufgrund des Vertrauens und des Geistes des Weitergebens nicht die Gier, die wir alle schon mal bei einem Ausverkauf erlebt haben. Es wird überlegt, bevor man zugreift.

Eine andere Freundin geht einmal die Woche zum Yoga und dort gibt es im Umkleideraum eine Kiste mit Kleidern. Sie sagt, dass dieser Austausch unter den Frauen sehr viel Spaß mache und das Bedürfnis nach etwas Neuem befriedige.

In Deutschland gibt es Secondhand-Läden, doch sind die Kleidungsstücke dort oft relativ teuer und entsprechen Ladenpreisen von neuer Kleidung. Nach Gesprächen mit einigen Ladenbesitzerinnen kamen wir zu der Erkenntnis, dass es zum Teil daran liegt, dass die Kleidungsstücke nicht geschenkt werden, sondern dass die Kunden dort für ihre ehemaligen Stücke Geld haben möchten.

Kleiderschwingungen

Die Ausstrahlung von Secondhand-Kleidern reicht von Armut zu Prestige. Als Kind die Kleider der älteren Schwester auftragen zu müssen, kann im Erwachsenenalter zu jeglicher Ablehnung von Secondhand-Kleidern führen. Eine Handtasche von Madonna hätte hingegen zumindest die Aura von Erfolg!

Alle Kleider haben Schwingungen, genau genommen bestehen sie aus mehreren Schichten von Schwingungen. Ob wir sie neu oder gebraucht kaufen, es sind immer die Schwingungen und Energien anderer Menschen mit den Fasern verbunden.

In neuen Kleidern hängen die Schwingungen des Ladens, der Verkäufer bis hin zu den Menschen, die sie angefertigt oder die Maschinen bedient haben. Diese Schwingungen sind anonym, aber dennoch präsent. Neue Kleider sind fremder und kälter, aber auch frischer, offener und neugieriger. Neue Kleider sind härter, der Dunst der Chemikalien und Färbemittel stärker.

Getragene Kleider sind weicher. Sie halten die Schwingungen der Menschen, die sie getragen haben, also die Gefühle, Gedanken und Erlebnisse. Es ist ganz unterschiedlich und es gibt keine wirkliche Regel, wie stark die persönlichen Schwingungen in bestimmten Kleidern sind und warum. Ein einmal getragenes Abendkleid kann voller fühlbarer Schwingungen sein, und ein Mantel, der jahrelang täglich zur Arbeit getragen wurde, kann sich neutral anfühlen.

Generell sind die Schwingungen getragener Kleider persönlicher und dadurch präsenter. Ich wasche alle Kleidung, bevor ich sie trage, ob neu oder gebraucht.

Yogi Bhajan, Meister des Kundalini-Yogas, hat erklärt, dass wir jedes Kleidungsstück von möglichen negativen Schwingungen anderer Menschen reinigen können, wenn wir es mit unseren eigenen Händen in kaltem Wasser waschen. Wenn wir möchten, können wir dazu noch ein Mantra denken oder aufsagen oder Worte wie: sauber, rein, neu.

Es ist eine wundervolle Übung, während des In-Besitznehmen eines Kleidungsstücks *Danke* zu sagen und sich dabei an all die Menschen, Pflanzen und Tiere zu richten, die dazu beigetragen haben, dass dieses Kleidungsstück nun uns dient und erfreut.

Eingangstür-Magie

Wenn ich etwas aussortiere, lege ich es erst einmal in die Nähe meiner Eingangstür. Von dort bringe ich es in einen kleinen Lagerraum, wo ich es in einem Koffer sammle. Neben meiner Eingangstür ist eine Holzkiste mit einem Deckel. Freun-

de und Nachbarn können dort jederzeit etwas für mich hinterlassen oder etwas für sich mitnehmen. Es ist immer schön, wenn ich auf dieser Kiste Obst, Gemüse oder Kleider entdecke. Seitdem ich diesen festen Platz eingerichtet habe, scheint das Verteilen, Schenken und Empfangen viel besser zu fließen.

Kleideraustausch-Partys

Diese gesellige Form des kostenlosen Kleidererwerbs braucht lediglich eine Gastgeberin, die einen geschützten Raum mit idealerweise mehr als einem Spiegel zur Verfügung stellt. Mobile Kleiderständer, und zusätzliche Kleiderbügel erleichtern den Prozess der Auswahl.

Der zusammenfaltbare mobile Kleiderständer/Reiserollständer ist vielseitig einsetzbar: zum Sortieren, Organisieren, Präsentieren und Gestalten von Outfits, und für Kleideraustauschpartys. Die Investition für dieses Hilfsmittel liegt bei 10 bis 100 Euro.

Die Idee ist, dass sich Frauen einer bestimmten Gemeinschaft oder Gruppe ein bis zwei Mal im Jahr treffen und ihre aussortierten Kleider der Gruppe anbieten. Nachdem alle Damen sich dann etwas »Neues«, Passendes für sich oder wiederum andere, nicht anwesende Freundinnen ausgesucht haben, dürften wieder nach dem Pareto-Prinzip etwa 20 % neue Besitzerinnen gefunden haben und 80 % müssen dann noch anderweitig entsorgt werden.

Diese Partys machen viel Spaß. Doch brauchen wir auch hier unbedingt unsere Garderobenwächterin, denn sonst ist die Verführung, kostenlose Kleidung mitzunehmen, zu groß.

Hier beschreibt Kleiderdiät-Teilnehmerin Anna ihre Erfahrung:

»Ich habe einmal eine Kleideraustauschparty mit Freundinnen veranstaltet. Es hat sehr viel Spaß gemacht, die Kleider anzuprobieren und sich etwas aussuchen zu dürfen. Das ist ein großes Gefühl von Fülle und Wohlstand. Im Nachhinein habe ich aber festgestellt, dass viele der ausgesuchten Kleider gar nicht zu mir passen und ich sie nicht anziehe. Es ist so ein bisschen wie ein Shoppingrausch. Man sollte sich also immer gleich fragen, ob man sich wirklich sicher ist, dass man das Teil haben möchte, und vielleicht, ob man es sich auch kaufen würde?«

Bei den Kleideraustausch-Partys kommen oft viele Emotionen und Fragen hoch, die von der Gruppe der Frauen dann fürsorglich und liebevoll beantwortet werden können.

Trauen Sie sich, einen Wunsch zu äußern

Haben Sie auch schon mal etwas an einer Bekannten oder Freundin gesehen, das Sie gern hätten? Halten Sie sich nicht zurück! Ich habe es oft erlebt, dass eine mir liebe Person ein Auge auf etwas in meinem Besitz geworfen hatte, sich nicht traute, etwas zu sagen und so hing das Teil dann ungetragen im Schrank.
Irgendwann kam es dann heraus ... indirekt und das Teil konnte sinnvoll weitergegeben werden.
Andersherum habe ich im Moment ein paar ausgesprochene Anmeldungen für Kleidungsstücke ausstehen: »Wenn du mit diesem Kleid durch bist, hätte ich es gern.« Und genauso habe ich ein paar Anmeldungen bekommen. Unverbindlich und ehrlich, dann kann es fließen.

Kleiderstil-Partys sind die nächste Stufe. Eine Gruppe von Frauen verabredet sich und jede einzelne präsentiert sich in verschiedenen mitgebrachten Outfits. Die Gruppe reagiert mit konstruktivem Feedback. Es gibt fast immer etwas zu verbessern und zu lernen.

Feedback einer Teilnehmerin:

»Die Kleiderdiät macht mir viel Freude. Mitunter fällt die Konfrontation mit der eigenen Figur sehr schwer. Ich habe viele Kleider losgelassen, und dies gelingt mir immer leichter. Ich gehe von Zeit zu Zeit die Fotos durch und entdecke immer mehr, was nicht mehr passt. Wenn ich in Mode-Katalogen nachsehe, was mir gefallen würde, ähneln viele Sachen stilmäßig meinem Bestand. Nun muss ich noch meine Schwächen ausmerzen: zu große Kleidergröße, V-Ausschnitt, 3/4-Ärmel, zu lange Jacken.

Mein Stil schwankt von sportlich, klassisch, elegant zu künstlerisch, feminin, extravagant. Es tut gut, endlich mal zu formulieren, was ich eigentlich mit meinen Kleidern ausdrücken und fühlen will. Ich bewege mich bereits sehr in meinen Farben, die von meiner Typberatung ausgewählt wurden, aber es gibt noch einiges zu verfeinern.

Das Entwerfen der Kleider auf meine Figur macht Sinn. Schwierig sind die Kleiderlängen, da helfen die Fotos wirklich sehr, trotzdem braucht es ein sehr geschultes Auge. Eine ebenso große Hilfe ist das Ermessen des Kontrastlevels.

Die Garderobenwächterin ist toll. Ich habe mir eine Karte mit den ›Auflagen‹ als Spickzettel für den Einkauf gemacht. Die Möglichkeit, per Katalog oder Inter-

net einzukaufen, werde ich wieder ausprobieren, es erleichtert das Abstimmen mit der vorhandenen Kleiderpalette und man hat mehr Zeit als im Geschäft und das Licht ist zu Hause auch besser. Ich freue mich darauf, die gewünschten Sachen zu finden und zu kombinieren. Ich habe viel gelernt und werde noch viel über mich, Mode und Stilfragen erfahren. Meine Aufmerksamkeit richtet sich jetzt vermehrt auf das Begutachten der Kleiderauswahl, auch an anderen, um daraus zu lernen.«

Grün, grün, grün sind alle meine Kleider ...

Nach der Kleiderdiät ...

Wenn wir an der Kleiderdiät teilnehmen, verändern wir uns und unser Umfeld wird dies bemerken und nicht immer begrüßen.

Die Wahrheit ist, dass wir uns nicht wirklich verändern, sondern uns mehr zeigen und ausleben und dieser Akt löst bei anderen Menschen Gefühle aus. Wir erhöhen unsere Frequenz und in Anlehnung an universelle Lebensgesetze und die Quantenphysik gibt es drei typische Reaktionen: Manche versuchen uns »herunterzuziehen«, andere entwickeln sich auf ihre Art parallel ebenso weiter, sodass die Frequenzen weiterhin harmonieren, und andere fühlen sich von uns inspiriert, ihre Frequenz ebenfalls zu erhöhen.

Negative Reaktionen unserer Mitmenschen sind verständlich, denn unsere Veränderung kann in ihnen Verlustangst auslösen. Die klare Kommunikation unserer Gefühle hilft dann, einander besser zu verstehen und zu begleiten.

Wir sind am Ende des Buches, jedoch keinesfalls am Ende der Kleiderdiät. Die Kleiderdiät ist ein lebenslanger Prozess! Die an der Kleidung sichtbare Offenbarung Ihres wundervollen Selbst und die seelentiefe Erkenntnis unserer Verbundenheit mit allem Sein entwickelt sich nach und nach.

Mögen wir uns selbst und anderen gegenüber liebevoll, geduldig und wohlgesinnt sein. Mögen wir den Mut haben, stetig weiterzumachen und täglich neu anzufangen.

Shopping-Check

Die Autorin

Linda Deslauriers, Jahrgang 1965, stammt aus Hamburg und lebt auf Maui (Hawaii). Sie hat ein Diplom im Fach Psychologie (Thema: Bedeutung der Haare für den Menschen) sowie einen Master of Arts im Fach Europäische Sprachen und Literatur (Thema: Haarsymbolik und Haarbilder in Grimms Märchen). Von 1987 bis 1990 absolvierte sie eine Ausbildung in »Hair Balancing« und arbeitet u. a. als ganzheitliche Haarpflegespezialistin auf Hawaii und in Kalifornien. Seit 2008 leitet sie »Kleiderdiät-Gruppen« und gibt auch regelmäßig Seminare in Europa. 2004 erschien ihr Buch »Haare im Licht«, 2007 »Nie mehr Haarausfall«.

Falls Sie an einer Kleiderdiät-Gruppe oder an Bonusmaterial interessiert sind, wenden Sie sich bitte an www.kleiderdiaet.de

Kontakt zur Autorin unter:
linda@kleiderdiaet.de

127

Mehr aus der Reihe
*nymphenburger***kompetent**

144 S, ISBN 978-3-485-01106-8

Selbsttherapie aus der Natur. Hier werden seit Generationen überlieferte, einfach anwendbare Hausmittel für die häufigsten Beschwerden beschrieben: die wichtigsten Heilpflanzen, die Zubereitung von Salben, Tinkturen und Tees sowie Gebete und Rituale.

144 S, ISBN 978-3-485-01175-4

Von Kräuterwickel bis Tinkturen: Susanne Seethaler hat Bäuerinnen nach alten Traditionen befragt und bewährte Hausmittel für Frauenbeschwerden, magische und christliche Rituale und heimische Kräuteranwendungen zusammengestellt.

136 S, ISBN 978-3-485-01324-6

Glücklich leben lernen kann man in jedem Augenblick! Indem wir etwas bewusster tun, empfinden wir Freude und entdecken die Schönheit in allen Dingen. Mit Übungen, überlieferten Geschichten fernöstlicher und heimischer Küchenmeister sowie Rezepten.

136 S, ISBN 978-3-485-01342-0

Fasten bedeutet im Ayurveda eine gezielte Anregung der Verdauung zur Entgiftung des Körpers. Mit Rezepten für die Fastentage und Anregungen für die Entlastungs- und Aufbautage ist das Programm alltagsbegleitend konzipiert und wurde mit Ayurveda-Ärzten auf Sri Lanka entwickelt.

160 S, ISBN 978-3-485-01174-7

Wer den Hunger versteht, muss nie wieder eine Diät machen. Die aus dem TV bekannte Ernährungsberaterin Iris Mäusl beschreibt, wie sie mehr als 48 Pfund abgenommen hat und mit welchen Tricks man den Hunger in den Griff bekommt.

160 S, ISBN 978-3-485-01333-8

Sanfte Hilfe aus der Natur: Aus natürlichen Zutaten, die in jedem Haushalt zu finden sind, lassen sich Aufguss, Wickel, Tee oder Salbe herstellen. Im Buch werden die häufigsten Alltagsbeschwerden von A bis Z medizinisch erklärt und einfach anwendbare Rezepte empfohlen.

nymphenburger
www.nymphenburger-verlag.de